A CONQUISTAR SU TIEMPO Y DISFRUTAR LA VIDA

El tiempo es un elemento no renovable

Tabla de contenido

Dedicación 10

Introducción ***11***

    Escribir es disfrutar la vida 13

    Construyendo la Administración de su propio tiempo 14

    Principios Básicos 14

        Hagamos cuentas 14
        Tres principios básicos en la administración del tiempo y de vida 14
        Sea un administrador de su propio tiempo 14
        Los cinco principales ladrones del Tiempo 15
        Aprenda a escuchar sabiamente 16
        Una Vida de Decisiones 17
        Encuentre el justo equilibrio en su vida 17
        El tiempo es relativo dependiendo como se utilice 17
        Establezca y organice sus oportunidades 18
        Decida cuales deben ser sus estrategias y metas personales 18
        La importancia en nuestra actitud 18
        Actitud positiva 19
        Sea optimista 20
        Las preocupaciones deben quedar atrás 20
        Asumamos buenos hábitos 21
        Formula del 10% 22
        ¿Redimensionar? 23
        Presupuestos y Proyecciones 23
        Aproveche sus momentos de mayor concentración 23
        Listas de Tareas por realizar 25
        No adquiera compromisos innecesarios 25
        Pida y Solicité Ayuda 27
        ¿Invertir o gastar tiempo? 27
        Procrastinar 28
        Termine lo que ha iniciado 28
        Lo importante y lo urgente 28
        Terminología 29
        Mantengamos equilibrio en nuestras vidas 29
        Aprendamos a disfrutar la vida 30
        Relájese y tome las cosas calmadamente 30
        Simplificar nuestra vida debe ser una meta 30
        Salud, ante todo 31
        Manténgase en forma 31
        Disponga de tiempo para mantenerse en forma 31

Caminar 31
El ejercicio rutinario ahorra recursos 32
Actividades deportivas en familia 32
Perfeccionismo I 32
Perfeccionismo vs. Excelencia 32
Programe su salida de la oficina o casa. No se deje atrapar de hacer una ultima cosa antes de salir 34
Comprométase consigo mismo a respetar la puntualidad 34

Planificación 35
Invierta en planificar su futuro 35
Planifique a largo plazo 35
Planifique para su retiro 35
Planifique y no se deje vencer 36
Sea prudente al adquirir compromisos 36
Siempre Listos 36
Revise los asuntos realizados al final de la semana 36
Sea proactivo 37
Libere espacio de *su disco duro* 38

Agendas (Planificadores) 38
Prográmese y comprometa su tiempo en su agenda o planificador ... 38
La agenda es una herramienta de consulta permanente 38
Las agendas que permiten visualizar la semana completa son más prácticas 39
La importancia de guardar agendas anteriores 39
Acostúmbrese a utilizar cuadernos 40
Su misión y su agenda 41
Priorice su agenda 41
Mantenga su agenda abierta 41
¿Agenda digital o planificador convencional? 41

Delegación 43
Delegación para Administradores del Tiempo 43
Beneficios de la Delegación 43
Delegue a otros 43
Valore su tiempo 43
Delegación 44
Delegación ascendente 44
Delegue Responsabilidades 44
Haga seguimiento a la delegación 44
Sobrecargado de trabajo o subdelegado 45
Sí su jefe no delega 46

Disciplina 47

La Importancia de la Autodisciplina 47
Visualizar el objetivo 47
Construyendo Autodisciplina 47
La autodisciplina 49
Método de Cuatro Pasos para ejecutar tareas 49
Mantenga su enfoque y concentración en una sola tarea a la vez ... 49

Fijación de Metas 50
Propósitos vs. Metas 50
La necesidad de fijar metas 50
Limite sus metas 50
La fijación de metas incrementa la productividad 50
Conquiste el éxito a través de la fijación de metas 50
La importancia de trazar y dejar por escrito sus metas 52
¿Dónde escribir su lista de metas y prioridades? 52
La fijación de metas requiere de compromiso 52
Las fechas límites mejoran la productividad 52
Propósitos de año nuevo 53

Prioridades 54
¿Como identificar una prioridad? 54
¿Cuál debe ser su primera prioridad? 54
¿Cuales son sus prioridades? 54
Primero lo primero 55
Enfóquese en sus prioridades 56
Compare prioridades con su jefe y sus subalternos 57
¿Cómo y cuándo debo programar mis prioridades? 57
Concéntrese en los resultados 57

Interrupciones 58
Manejo de interrupciones 58
Programe espacios de tiempo sin interrupciones 58
¿Que contestar cuando lo interrumpen? 59
Interrupciones por viaje 59
Alto costo de las interrupciones 59
Interrupciones y oportunidades 60

Mensajes a través de redes sociales 61
Terminología de aplicaciones de redes sociales 61
Breve historia del correo electrónico 61

Comunicación 63
Tres C's de la comunicación 63
Comunique con claridad 63
Comunicar con claridad. Editar mas que corregir y perfeccionar ... 63
Sí tiene dudas, pregunte 64

Consejo al comunicarse con sus empleados 64

Comunicación Telefónica 65
Disponga del tiempo requerido para realizar llamadas telefónicas 65
Devolviendo Llamadas Telefónicas 65
¿A que horas devuelvo llamadas? 65
Lleve una libreta de registro y programe sus llamadas telefónicas 65
Anote el tema tratado en su libreta de registro 66
El teléfono puede ser un ladrón de su tiempo 66
Directorio Telefónico 66
Transfiriendo llamadas 67
Grabe un mensaje breve en su contestador automático 67
Cambie el mensaje de su buzón o casillero de voz con frecuencia 67
Aproveche las ventajas de utilizar casilleros de voz o mensajería instantánea 68
Deje mensajes breves y resumidos 69
Utilización de teléfonos celulares mientras conduce 69
Etiqueta telefónica 69
Etiqueta telefónica II 69
Etiqueta telefónica III 71
La ventaja de tener un reloj cerca a su teléfono 71
Comunicación telefónica o correo electrónico 71

Correo Electrónico 72
El crecimiento desbordado del correo electrónico 72
Consejos prácticos en el uso del Correo Electrónico 72
Sea preciso en la redacción del encabezamiento del asunto 72
Un tema o referencia por mensaje 73
Lea y corrija antes de enviar 74
Sea cauteloso y metódico antes de enviar un mensaje. 74
No todo conviene ser enviado por correo electrónico 74
Correo electrónico o casillero de voz 74
Fomente la utilización del correo electrónico 76
Utilización practica de su programa de contactos 76
Mantenga por lo menos dos direcciones de correo electrónico 76
Revise la bandeja de correo entrante antes de abrir los mensajes 76
¿Cuándo se debe revisar el correo electrónico? 77
Confirme automáticamente el recibo de sus mensajes enviados 77
Evite el envió de adjuntos 77
Analicé y evalué el contenido de los boletines 77
No corresponda infinitamente agradecimientos recibidos 78
Una rutina para no olvidar enviar los adjuntos 78
Evite imprimir información recibida 78
Utilice la herramienta de seguimiento 79
Habitúese a depurar permanentemente sus bandejas de correo 79

5

Organización del archivo 80
    Organice sus contactos por categorías 80
    Mantenga un archivo de sus impresos 80
    Archivadores 80
    Archivando 80

Archivando y guardando en su computador 80
    Mantenga sus carpetas livianas 81
    Guarde las cosas 81
    No postergue la labor de archivar 82
    Identifique sus libros 82
    No mantenga catálogos obsoletos 82
    Tenga las carpetas más utilizadas cerca del sitio de trabajo 82
    Depuración Anual 82
    Evite enviar copias innecesariamente 83
    Organice y almacene los CD y DVD 83
    Limpie y evacue permanentemente sus archivos digitales 83

Trabajando desde casa 85

Consejos para el Hogar 86
    Directorio de compañeros de estudio de sus hijos 86
    Destine sitios específicos para sus accesorios de uso diario 86
    Pagos mensuales 86
    Pagos anuales 87
    Aproveche los servicios tecnológicos ofrecidos por el sistema financiero ... 88
    Prepárese para el día siguiente 88
    Delegue responsabilidades a todos los miembros de la familia 88
    Consejo para los niños en edad escolar 88
    Organice las cosas de su casa 88
    Organice su ropa 89
    Cuidado con lo que llevas a casa 89
    Deje el trabajo en el trabajo 89
    Tiempo en familia durante la cena 90
    Planifica los fines de semana 90
    Planificar los asuntos del hogar 90
    Mantenimiento Preventivo 90
    Mantenimiento vehicular 91
    Mantenimiento de equipos y electrodomésticos 91
    La nevera también debe estar organizada 92
    Una sola llave 92
    Cerraduras de puertas inteligentes digitales 92
    Mantenga repuestos 92
    Lentes de lectura y ver televisión 92
    Llaves de emergencia I 93

Llaves de emergencia II 93
Descarte, deseche y bote diariamente 93
Desorden en su hogar 94
Teléfonos en la habitación 95
Prepárese para un trasteo 95

Navidad 96
Compre los regalos para la navidad durante todo el año 96
Programe su tiempo para los detalles y mensajes navideños 96
Lleve un registro 96
Lleve un registro de regalos 97
Seguimiento y acomodo post-navideño 97

Compras 98
Aproveche bien el tiempo de compras 98
Llevé una lista 98
Cuando elabore su lista de mercar acuérdese del recorrido del almacén ... 98
Consejo cuando salga de compras 99
Antes de salir de compras 100
Comercio electrónico y domicilios 100

Consejos prácticos para Viajeros 101
Disfrute sus vacaciones dejando atrás sus preocupaciones 101
Listas de cosas por hacer 101
Una adecuada alimentación antes y durante el vuelo aéreo 101
Aplicaciones tecnológicas útiles 103
¿Es usted viajero frecuente? 103
Documentos en regla 103
Visas y vacunas 103
Seguridad Aeroportuaria 104
Aproveche el tiempo de espera en el aeropuerto 104
Tarjetas de Crédito para Viajeros 104
Pague algunos servicios anticipadamente 105
Cinturones o carteras de viaje antibloqueo RFID 106
Asistencia Médica para viajeros 106
Investigue que ofrece el hotel donde se hospedará 106
Servicios de lavandería 107
No olvide llevar sus tarjetas de presentación 107
Consejo practico para convenciones y seminarios 107
Viajes Internacionales 107
Medicamentos esenciales 108
Recordatorios en su casillero de voz 108
Fotografías 108
Después de un viaje de vacaciones 109

7

Consejos Saludables **111**
   El tiempo dedicado a la salud es importante 111
   Chequeos Médicos 111
   Un saludable desayuno para iniciar el día 111
   Momentos de descanso 111
   La importancia del descanso en su jornada laboral 112
   Siestas 112
   La música como terapia de relajación 113
   La importancia de tener fotos cerca de su lugar de trabajo 113
   ¿Durmiendo menos gano tiempo? 113
   Somnolencia en el día 114
   La importancia de estar informado en temas de salud 114
   Cuando el uso del celular no es saludable 115
   Maneja tus preocupaciones 115
   Quienes son resistentes al estrés 115
   ¿Como ayudo a controlar mi nivel de estrés? 116
   Alivie su nivel de estrés 116
   El tamaño de una ciudad es factor determinante en el nivel de estrés 117
   Evite frustraciones 117
   Conduzca relajada y tranquilamente 117
   La importancia de los amigos 117
   Beneficio del chocolate negro 118

Tecnología **119**
   Retarde su entrada diaria al mundo de la informática 119
   La oficina virtual 119
   Dispositivos de Memoria Portátiles 119
   Air Drop y Nearby Sharing 120
   Recordatorios fuera de la oficina 120
   Proteja su computador, sus programas y sus archivos 120
   Uso adecuado y eficiente de programas de informática 121
   Tutoriales 121
   Aprendizaje tecnológico y virtual (Techliteracy) 121
   Videoconferencias 122

Ventas **123**
   Utilice su tiempo de ventas sabiamente 123
   Planifique su jornada comercial 123
   Consejo para el ejecutivo comercial 123
   Aproveche positivamente el tiempo de espera 123
   Incremente el tiempo dedicado a ventas 125
   Tenga cuidado con clientes, ladrones de su tiempo 126
   Ladrones del tiempo del vendedor 126
   Limite el tiempo de espera 126

    Constancia y perseverancia 127
    Pequeños detalles son primordiales en la labor comercial 128
    Tarjetas de presentación 128
    ¿Cuándo es el momento de entregar sus tarjetas de presentación? 128

Citas a Tiempo **130**

Bibliografía ***133***

Dedicación

A mis padres, estén donde estén, siempre fueron una guía. A su eterno y profundo amor que forjaron mi forma de ser y legaron la devoción a la lectura y escritura. A mis hijos, nietos, a mi paciente esposa, quienes impulsaron en convertir esta obra en realidad. A los cientos de lectores de mi blog semanal, quienes, con cariño, afecto y critica, me llenan de gratitud y entusiasmo.

Introducción

El tiempo es un elemento no renovable ni conmutable. Cada segundo que pasa jamás volverá. No podemos obtener, de ninguna manera, mas tiempo que del cual disponemos. La limitación nos hace reflexionar sobre nuestra propia fragilidad. Por ello quiero, mediante esta guía practica, compartir y aportar consejos en forma temática que ayuden a mejorar la eficiente y eficaz administración del tiempo.

A lo largo de mis actividades gerenciales he tenido la oportunidad de emplear y desarrollar exitosamente metodologías que me ayudan hacer buen uso del tiempo. Desde hace muchos años me interese por recopilar anécdotas, consejos y recomendaciones sobre la eficiente y eficaz administración del tiempo. Con el tiempo me fui interesando en leer sobre el tema. La lectura me llevó a convertirme en un aplicado estudiante, investigando documentos, ensayos y en general todo lo relacionado con la administración y manejo del tiempo.

Este ensayo ofrece, de forma temática, variados consejos, recomendaciones, ideas y actividades que pueden ser implementadas en el eficiente manejo del tiempo, liberando tiempo para disfrutar mejor la vida.

Lo más importante le corresponde a usted. No es preguntarse si lo aconsejado ya lo conocía sino sí efectivamente lo ha implementado y lo esta realizando en sus labores diarias.

La guía tiene la ventaja que su lectura puede desarrollarse de formas diferentes. No es necesario leer consecutivamente de la primera a la ultima pagina. Puede leerse capitulo por capitulo o por temas de interés.

El formato de un e-book permite desde la comodidad de cualquier dispositivo, sea su teléfono inteligente, tableta, computador personal o de escritorio, recurrir a su lectura en cualquier momento.

Lo importante es comenzar a buscar implementar algo cada día para mejorar el manejo y administración de su tiempo. Estoy seguro que implementando una idea o actividad semanal en un lapso de un año su productividad personal se desarrollará positiva y sustancialmente.

Por ello el titulo "A conquistar su tiempo y disfrutar la vida"

> *"Sólo el hombre tiene el poder de transformar sus pensamientos en realidad física; sólo el hombre puede soñar y hacerlos realidad."*
> **Napoleon Hill**

Escribir es disfrutar la vida

Cuando en los primeros años escolares nos pedían escribir sobre la familia, la naturaleza y nuestros sentimientos, disfrutábamos dicho ejercicio. En nuestra juventud expresamos nuestras primeras emociones románticas, dando lugar a largas cartas de amor que algunos aun conservan. Con el paso de los años olvidamos lo agradable que son aquellos momentos en los cuales nos concentramos para expresar nuestros sentimientos en torno a nuestro mundo, familia, hijos, nietos, compañeros, comunidad y cualquier otra fase de la vida. Este simple ejercicio de interactuar con nuestros semejantes nos genera claridad, serenidad y ayuda a enfrentar calmadamente los retos rutinarios con entusiasmo, firmeza y actitud mental positiva.

Hace unos años me dio la ventolera de sentarme semanalmente a leer y escribir sobre el buen desempeño de labores rutinarias. Durante varios años, en las frías y oscuras horas de madrugada y antes del amanecer, ese espacio que considero totalmente mío, me siento en frente de una pantalla vacía, teclado y mouse y dejo volar la imaginación. Empecé con este compendio sobre lo mas finito de nuestro ser, el tiempo. Hoy escribo sobre temas de impacto local, regional y nacional de mi patria Colombia en mi blog semanal. Próximamente publicaré otra guía similar dedicada a otra de mis pasiones, el vino.

Construyendo la Administración de su propio tiempo

Empecemos por algunas sugerencias;

Principios Básicos

Hagamos cuentas

Nuestro tiempo es un recurso limitado. Disponemos aproximadamente de un total de 1,680,000 horas desde el día que nacemos hasta una edad productiva de 70 años. Sí tenemos en cuenta que hasta antes de los dieciocho años no hemos definido nuestras prioridades y por ende nuestras metas, nos quedarían solamente 1,248,000 horas restantes. Dormir ocho horas diarias y trabajar otras ocho nos dejan 414,000 para alcanzar nuestros objetivos antes de cumplir 70. ¿Si le aterran estas cuentas, no cree que sea hora de empezar a realizar una buena administración y manejo de su tiempo?

Tres principios básicos en la administración del tiempo y de vida

Independientemente de la edad, o etapa de la vida, sea que apenas empiezas actividades académicas, profesionales o te encuentres disfrutando del tiempo de retiro y recogimiento, siempre será importante hacerte estas preguntas.

- ¿Quién quieres ser en este momento?
- ¿Qué quieres conseguir, alcanzar y lograr en la etapa de vida que te encuentres?
- ¿Cuáles son los principios y valores fundamentales donde se cimentarán y levantarán las bases que regirán esta etapa y, porque no, tu vida?

Sea un administrador de su propio tiempo

Las personas que han logrado controlar su tiempo y consecuentemente su vida, consiguen alcanzar resultados significativos realizando alguna de las siguientes labores:

- Se fijan metas
- Establecen fechas limites a sus actividades
- Realizan una sola labor a la vez
- Piensan antes de actuar
- Toman buenas decisiones
- Trabajan bajo prioridades
- Estructuran sus vidas
- Practican autodisciplina
- Se toman tiempo para el descanso
- Construyen hábitos orientados hacia la efectividad en la administración de su tiempo
- Solicitan ayuda cuando la necesitan
- Ignoran las trivialidades

Los cinco principales ladrones del Tiempo

Cuando iniciamos la labor de detectar los principales ladrones de nuestro tiempo encontraremos que los siguientes cinco ladrones han estado presentes y no nos han permitido liberarnos de tiempo que bien pudiéramos aprovechar en otras actividades productivas, placenteras y gratas.

- ¿Tratamos de realizar demasiadas cosas a la vez, sin culminar exitosa y oportunamente las labores y tareas emprendidas?
- ¿Nos acostumbramos a postergar labores permanentemente y nos convertimos esclavos de la procrastinación?
- ¿No delegamos lo suficiente, pretendiendo realizar todas las actividades personalmente y sin ayuda de los demás?

- ¿No aprendemos a decir aquella pequeña palabra que nos ahorrará distracciones y evitará asumir compromisos innecesarios que ocuparan nuestro tiempo; **NO?**
- ¿Vivimos con un desorden permanente de nuestros objetos en el sitio de trabajo, sobre el escritorio, en el hogar y debido a esta desorganización jamás encontramos lo que estamos buscando?

Aprenda a escuchar sabiamente

Aprender a escuchar es quizás una de las herramientas más útiles y practicas que debemos establecer. Saber escuchar es fundamental en el proceso de la comunicación efectiva, reconociendo que es un proceso proactivo y no un asunto pasivo. Escuchemos concentradamente, interesémonos en el tema en discusión y motivemos a quien tiene uso de la palabra en profundizar y focalizar la idea que quiere comunicar. Escuchemos atentamente las ideas que se desarrollan más que las palabras y reaccionemos ante ellas con mayor importancia que hacia la persona que esta dialogando.

Deje a un lado sus inquietudes y escuche atenta y concentradamente al interlocutor. Déjele saber que usted le esta prestando toda su atención. Cuando quiera interrumpir su dialogo, espere a que el pause y antes de que el continué intervenga usted con su inquietud. No interrumpa en la mitad de una exposición. Acostúmbrese a tomar notas de la charla y si es del caso utilice la grabadora de su dispositivo móvil.

Una Vida de Decisiones

La efectiva administración del tiempo radica en tomar decisiones acertadas. No podemos olvidar que, a pesar de todos nuestros esfuerzos para una adecuada administración del mismo, el tiempo es limitado. El secreto de su buena administración es utilizarlo en asuntos de mayor importancia. Decida hacer aquellos que tendrán el más importante y positivo impacto en su vida.

Es fácil y rutinario perder tiempo en perseguir asuntos triviales o invertirlo en actividades que no generan beneficio propio. No es suficiente buscar ahorrar tiempo usando atajos o la facilidad que nos ofrece la tecnología. Es importante invertir el tiempo que liberamos en propósitos con alto contenido de valor agregado que valgan la pena y nos acerquen al cumplimiento de nuestros objetivos y metas.

Encuentre el justo equilibrio en su vida

El buen manejo del tiempo debe encontrar un equilibrio entre los diferentes espacios que conforman su vida; su familia, profesión, actividad laboral, vida social y vida en comunidad. No limite sus actividades encaminadas al manejo del tiempo únicamente a una de estas áreas de su vida, abárquelas todas y encuentre el justo equilibrio.

El tiempo es relativo dependiendo como se utilice

Nada más engañoso que decir "no tengo tiempo." Imaginemos por un momento de lo que nos hubiéramos privado sí Miguel Ángel Buonarroti, Miguel de Cervantes, San Ignacio Loyola, William Shakespeare, Louis Pasteur, Albert Einstein, Leonardo da Vinci, Wolfgang Amadeus Mozart, Ludwig van Beethoven, Steve Jobs, Bill Gates o Jeff Bezos, hubieran expresado lo mismo. Sencillamente esta expresión lo que manifiesta es que quizás prefieres utilizar el tiempo en otra tarea. Cuando de verdad deseas hacer algo siempre encontrarás el tiempo para hacerlo.

La ley de la eficiencia nos indica que siempre encontrarás suficiente tiempo para realizar las cosas más importantes.

Ahora bien, debemos pensar en el largo plazo siempre trabajando en aquellas labores que tendrán el mayor impacto en el futuro.

Establezca y organice sus oportunidades

Es ilógico que su vida transite como un barco a la deriva observando como oportunidades, y especialmente su tiempo, pasan rápidamente sin obtener provecho de ellas. No asuma una actitud pasiva reflexionando que es imposible cambiar su destino. Si alguna vez ha pensado así, de un timonazo y cambio brusco a su vida. Asuma un papel protagónico donde, precisamente, usted se convierte en el factor primordial para liderar el cambio que necesita y se requiere. Aproveche positivamente creando y organizando nuevas oportunidades.

Decida cuales deben ser sus estrategias y metas personales

Haber decidido cuales son nuestras estrategias y metas de vida ayudará a tomar decisiones en menos tiempo, con mayor seguridad e impedirá comprometernos innecesariamente en tareas diferentes a nuestro proyecto de vida. Lo fundamental es cambiar la actitud frente al diario acontecer y a la vida misma.

La importancia en nuestra actitud

Aunque a veces sentimos no tener control sobre nuestro tiempo y pensamos nuestra vida es controlada por eventos exógenos y externos, nos sentimos incapaces de sacudirnos de ellos. Pensamos que por más que hacemos esfuerzos en mejorar la administración y manejo del tiempo no logramos organizarnos. Quizás lo que sucede es que no contamos con la actitud positiva necesaria y por el contrario dejamos que esa condición negativa opaque los esfuerzos. Asumamos una actividad dinámica, enérgica y sobre todo positiva.

Resalte y reflexione constantemente sobre los trabajos en los cuales siempre sobresale y se desempeña excepcionalmente, sean en su trabajo, hogar o relación con la comunidad. Destacar este sentimiento da confianza, brinda seguridad y proporciona un estado de actitud positiva hacia sus metas opacando el sentimiento negativo de aquellas que ha considerado difíciles e inalcanzables.

Actitud positiva

En vez de lamentarse de no haber cumplido con ciertos y determinados oficios o trabajos, concéntrese siempre en organizar su tiempo priorizando aquellos que quiere realizar.

Asuma una actitud positiva y objetiva enfocada a la ejecución de compromisos. No se imagina la importancia de permanentemente aplaudir y felicitarse usted mismo cuando vaya culminando cada una de sus tareas. Propónganse reconocer usted mismo el logro auto premiándose con algún incentivo. Por pequeño que sea es recompensar el logro.

La mente, complementada con nuestra actitud, se convierte en una herramienta extraordinariamente poderosa. Nuestra motivación en alcanzar y lograr los objetivos propuestos está determinada por el deseo, firme propósito y ganas de obtenerlos. La confianza, determinación y seguridad nos acerca cada día más en lograr nuestra meta.

Se ha demostrado que la buena disposición hacia las adversidades del diario vivir lo mantienen físicamente activo y fuerte, mientras una actitud negativa puede llevarlo a un estado de deterioro general de su salud. Trate de recordar permanentemente los momentos buenos, agradables de su vida y olvide los aspectos negativos que ha superado.

El cuerpo y su mente le agradecerán su actitud positiva.

Sea optimista

Ser optimista tiene sus ventajas. Observar el mundo y la vida desde la orilla optimista le ayuda a sentirse fuerte, seguro y positivo. Aun ante una enfermedad común su estado de ánimo ayudará no solamente para que su recuperación sea más rápida, sino que mantendrá su sistema inmunológico en óptimas condiciones, apartándolo del entorno común de depresión y ansiedad propio de cualquier enfermedad.

Las preocupaciones deben quedar atrás

Aunque debemos aprovechar las lecciones que nos enseña la experiencia, no permanezcamos meditando sobre situaciones del pasado que no podemos cambiar, que afectan el presente y no nos dejan percibir con claridad el futuro. Dejemos el pasado en el pasado y no nos preocupemos inútilmente sobre lo que no ha ocurrido todavía. Viva el presente con entereza, integridad y tranquilidad.

Asumamos buenos hábitos

Debemos esforzarnos en renunciar a aquellas costumbres que no mejoren nuestra calidad de vida, ni que tampoco aportan satisfacción personal. Se ha comprobado que la longevidad va acompañada de buenas y sanas costumbres que diariamente realizamos, tales como levantarnos y acostarnos a la misma hora, dormir plácidamente, alimentarnos balanceadamente, mantener niveles apropiados de hidratación, hacer ejercicio y evacuar la mayor cantidad de asuntos triviales, tanto domésticos como laborales, aplicando una rutina diaria que no permita acumularlos, etc.

Los buenos hábitos ayudan a colocarle un ritmo preciso a nuestra vida sin afanes y lo más importante, sin perdida de tiempo. Los buenos hábitos pueden visualizarse como surcos proyectados en nuestra mente en la repetición constante de su práctica. Esta perseverancia se siembra en nuestro diario vivir y cosechamos con el trazado del camino de nuestra vida.

Ahora bien, para empezar a construir nuevos buenos hábitos es importante reflexionar y hacer una auto evaluación, en forma de inventario descriptivo de nuestras prácticas actuales. Seguramente encontraremos amplios espacios donde corregir, mejorar y superar conductas insustanciales.

Analicemos cuidadosamente lo que realizamos tanto en nuestro lugar de trabajo como en el hogar. Anotemos el tiempo dedicado a cada actividad y la prioridad de la misma. Al final del periodo analizado revisemos si las actividades a las cuales les invertimos nuestro tiempo contribuyen a la realización de nuestras metas y objetivos profesionales y de vida. Si no, simplemente eliminémoslas o encarguemos a alguien de realizarlas por nosotros.

Con el fin de emplear nuestro tiempo eficiente y productivamente remplacemos aquellas labores que representan menor valor por aquellas que conducen hacia el cumplimiento de objetivos y metas que hemos determinado con alto nivel prioritario. Nuestra efectividad será medida y determinada por la ecuación de labores productivas comparadas a aquellas improductivas que solamente desgastan, derrochan y hacen perder nuestro tiempo.

Con alguna frecuencia estudie cuidadosamente como ha transcurrido el tiempo empleado en las últimas semanas. Analice en su agenda las actividades desempeñadas, compromisos y citas realizadas. Conscientemente compruebe si ellas corresponden a iniciativas propias encaminadas a satisfacer el logro de sus metas y objetivos o más bien son a instancias de otras personas. No se equivoque dedicándole su tiempo a las metas de otros y no las suyas. Controle su tiempo y no deje que otros interfieran con el.

Periódicamente analice, estudie y compare sus rutinas y procesos. La velocidad en la comunicación, los avances tecnológicos y la facilidad de intercambiar y compartir conocimientos pueden ser factores fundamentales en experimentar cambios en como realizar ciertos asuntos y tareas rutinarias. No se aferre a lo establecido. Abra su mente y actitud en percibir nuevas formas de hacer lo cotidiano, con nueva y creativa perspectiva. Aproveche y apóyese en su experiencia para introducir cambios metodológicos que redundarán en renovar eficiente y eficazmente sus rutinas.

Formula del 10%

Una solución practica y pragmática para desarrollar una mejor eficiencia es aplicar la formula del 10%. Disminuya el tiempo que desperdicia en actividades improductivas en un 10%. Levántese y empiece su día un 10% más temprano. Trate de pensar y desarrollar actividades un 10% más rápido. Lea a una velocidad superior en un 10%. Realice una jornada diaria de ejercicios empleando un 10% más de tiempo. Dedique sus días en disfrutarlos un 10% más.

¿Redimensionar?

Los textos de administración de negocios contienen expresiones sobre redimensionamiento empresarial. Se refieren a la búsqueda y manejo empresarial bajo unos parámetros de tamaño y estructura ideal para su exitoso desempeño. A veces el redimensionamiento obliga a reducir el tamaño de la misma. De igual manera profundice en este sentido sobre sus asuntos personales y su vida. Una simplificación en sus asuntos puede conducirlo a disponer de más tiempo para emplear en aquellos programas y proyectos que disfruta y lo apasionan.

Presupuestos y Proyecciones

Las entidades y empresas de cualquier tamaño, sean multinacionales o famiempresas, emplean con gran utilidad las herramientas administrativas que conducen por un exitoso camino. El tema de presupuestos contables, financieros, comerciales y sus proyecciones complementarias son instrumentos de uso común que dibujan la carta de navegación que debe seguirse. Es de gran utilidad complementar estas herramientas para que simultáneamente a las proyecciones se presupueste el tiempo que cada uno de los integrantes del equipo debe emplear en la realización de las tareas que lleven a culminar exitosamente y en las fechas limite previstas, la meta y objetivo propuestos.

Aproveche sus momentos de mayor concentración

La mayoría de espacios educativos, clases, cursos, seminarios y presentaciones se acomodan en bloques de tiempo entre 45 y 55 minutos. Fundamentalmente nos ha enseñado que los niveles de concentración plena se mantienen durante este lapso de tiempo. Generalmente después de este tiempo empezamos a distraernos y gradualmente alejarnos del tema. Por ello es importante analizar cuanto dura el periodo de tiempo en el cual se encuentra en capacidad plena de concentración y dedíquese a aprovecharlo al máximo. Habitúese a realizar pequeños periodos de descanso después de estos tiempos de plena concentración y después reinicie la labor. Concentrarse plenamente cuando este realizando tareas o labores es uno de los mejores aliados para lograr una efectiva administración del tiempo.

Es común percibir que con el paso de los años tanto el metabolismo como el organismo se ajustan permitiendo que en menos tiempo de sueño recuperemos nuestras energías. Al liberar ese tiempo que antes dedicábamos al descanso empezamos a madrugar más. Es aconsejable aprovechar esas primeras horas del día dedicándolas a labores que consideren brindaran resultados más productivos en la obtención de sus metas y objetivos.

Cae como anillo el viejo refrán que dice "a quien madruga Dios le ayuda". Encontramos que a medida que transcurre el día es más difícil encontrar tiempo disponible para ejecutar labores. Por esta razón prográmese de tal forma dedicándose temprano a la realización de asuntos prioritarios e importantes. Igualmente piense en esta recomendación cuando solicite una cita medica, pues lo más seguro es que si la cita ha sido concedida al finalizar la tarde las urgencias que debió atender el medico durante el día le retrasaron totalmente su agenda y el cumplimiento estricto de sus citas. Solicite citas a primera hora de la mañana o de la tarde.

Listas de Tareas por realizar

Cuando se disponga a elaborar su lista de tareas por realizar, registre todos los asuntos que usted considera deba ejecutar, incluyendo los relacionados con su trabajo, familia, hogar y actividades comunitarias. Una vez registradas inicie su ordenamiento por orden de prioridades. Establecida esta prelación, inicie su ejecución con las más importantes y ubique espacios de tiempo registrándolas en su agenda durante las semanas venideras. No olvide anotar las fechas límites que usted mismo ha determinado para su realización.

Cuando se tiene más de una alternativa siempre entraremos a dudar por cual iniciamos primero. La indecisión nos lleva a postergar el inicio de esa tarea o labor, lo cual conlleva a retrasar toda nuestra agenda. Sí las alternativas son similares en importancia no importa con cual se comienza primero. Lo importante es comenzar.

Cuando vuelva a sentir indecisión ante el inicio de una tarea reflexione en que lo más seguro es que tardara más tiempo meditando sobre la decisión de arrancar que el tiempo que efectivamente empleara en realizarla. Acometamos la tarea o labor con ánimo, optimismo y seguridad. No nos olvidemos que en cada asunto que realizamos ponemos a prueba nuestra actitud de aprendizaje y determinación. Por esa razón en vez de pensarlo decídase solamente en hacerlo inmediatamente, tal y como reza el lema de la marca NIKE, ***Solo Hazlo***.

No adquiera compromisos innecesarios

Al igual que con sus estados financieros personales o corporativos no acumule pasivos que no podrá repagar en el tiempo previsto. Antes de aceptar una responsabilidad que le comprometa tiempo futuro analice su disponibilidad y tome la decisión acertada. A veces es preferible decir no a tiempo que vivir arrepentido por haber adquirido compromisos innecesarios. Así como cuando antes de decolar un avión nos instruyen en colocarnos la mascara de oxigeno antes de ayudar a otros, igualmente debemos hacer con nuestro tiempo. Cerciórese de haber dispuesto suficiente tiempo en su agenda para programar sus propias necesidades antes de pasar a responder las de los demás.

Pida y Solicité Ayuda

Uno de los consejos más prácticos para el eficiente manejo de su tiempo es consultar y pedir ayuda cuando la necesite. Si esta trabajando en alguna tarea y requiere colaboración, solicítela. No deje pasar su tiempo dando vueltas a un asunto que fácilmente puede ser resuelto con la ayuda de una consulta personal, o analizando sus archivos o a través de Internet.

¿Invertir o gastar tiempo?

Existe una gran diferencia entre invertir o gastar el tiempo. Gastamos el tiempo cuando canjeamos nuestro tiempo para realizar cualquier otra actividad. Invertimos nuestro tiempo cuando la actividad que realizamos agrega valor a nuestra vida. Invertir significa que obtenemos a cambio más de lo que aportamos. Invertir el tiempo nos involucra con aquellas prioridades que nos hemos fijado como objetivo de vida y realizaciones personales.

A veces nos engañamos pensando que por estar atareados y ocupados todo el tiempo se nos impide tomar responsabilidades que nos llevan a obtener logros significativos. No confundan la ocupación del tiempo con la efectividad en su utilización.
Identifíquese con lo que quiere hacer en su vida y use el tiempo en lograr esas metas y objetivos. Crecer física, mental y espiritualmente es invertir bien el tiempo mientras envejecer es sencillamente gastar el tiempo.

A veces creemos que la administración efectiva del tiempo es realizar la mayor cantidad de tareas y trabajos en el día. Desafortunadamente es una premisa totalmente infundada y falsa. Tratar de realizar la mayor cantidad de labores en un determinado marco de tiempo nos lleva a acelerar nuestro ritmo y equivocadamente empezamos a saltar de labor en labor afanosamente tratando de terminar la mayor cantidad de asuntos posible. Nos ocupamos de tal manera que nos olvidamos de disfrutar el presente. Reconocer que no todo se puede hacer a la vez y que habrá cosas que no se harán es tranquilizante. Programe sus labores semanalmente y determine su importancia. Utilice su tiempo en lo verdaderamente importante.

Procrastinar

Procrastinar es no ejecutar una tarea que requiere su inmediata realización. Para ello es esencial que usted este tomando la decisión de postergar el trabajo a conciencia y haya empezado a ejecutar un trabajo de mayor importancia y prioridad. Sino es así, medite porque se ha dejado llevar por el pecado capital del ejecutivo, la procrastinación y trate en lo sucesivo de evitarlo. Adquiera la buena costumbre y hábito de empezar sin aplazamientos y concluir lo que ha empezado.

Termine lo que ha iniciado

A medida que vamos terminando nuestros proyectos queremos rápidamente asumir e iniciar otro nuevo con el fin de mantenernos permanentemente activos y dinámicos. Aunque esto nos llena de autoestima y satisfacción no debemos iniciar nuevos proyectos hasta haber terminado algunos de los que hemos iniciado y en los cuales estemos trabajando. Cuando comenzamos muchos proyectos simultáneamente podemos caer en el error de no contar con suficiente tiempo para realizarlos correctamente terminando con trabajos inconclusos, inexactos e incompletos Valore su tiempo y aprenda a tomar decisiones prioritarias en cuanto a los proyectos que quiere iniciar y concluir exitosamente.

Lo importante y lo urgente

No se confunda entre los dos. Las cosas importantes son aquellas que se relacionan con las metas y objetivos que se ha trazado en su vida, mientras lo urgente sencillamente se relaciona con lo que debe emprender en el tiempo inmediato. No malgaste y derroche el tiempo permitiendo que lo urgente determine y señale sus prioridades. No acceda a que el afán de lo urgente le distraiga de aquellas labores que realmente aportan valor permanente a la calidad de vida que se ha trazado.

Si alguna labor no es ni urgente ni importante no hay necesidad de hacerla. Si es urgente pero no importante, puede delegarse. Si no es urgente, pero si importante planifique su tiempo para realizarla antes de que se convierta en urgente. Sí es urgente e importante ejecútela de inmediato.

Terminología

Debemos familiarizarnos con ciertas expresiones y sus definiciones. Cuando hablemos de eficiencia nos referimos a la realización de tareas en forma correcta, en otras palabras "hacer las cosas bien". Cuando nos referimos a efectividad es hacer las importantes y prioritarias bien. La excelencia siempre se refiere a hacer las importantes y prioritarias bien desde un principio. Esforcémonos permanentemente en la búsqueda de la excelencia. Inversamente la ineficiencia es realizar aquellas cosas totalmente inútiles e innecesarias.

Mantengamos equilibrio en nuestras vidas

El autor Michael Gebb en su obra sobre la vida de Leonardo da Vinci nos hace una sencilla pregunta; *¿Dónde te encontrabas y que estabas haciendo cuando te surgieron las ideas?* Curiosamente la respuesta sorprende en el sentido que la mayoría de veces no te encontrabas ni en horas laborales ni en tu sitio de trabajo. Quizás las ideas nacen cuando estas inmerso en alguna actividad rutinaria como en la ducha, escuchando música o en alguna ocupación diferente al trabajo. Por ello mantén un equilibrio en tu vida. No todo es trabajo. La mente trabaja subconscientemente. Ahí florece espontáneamente la creatividad.

Aprendamos a disfrutar la vida

No se obsesione con el manejo del tiempo a tal punto que no disfrute momentos agradables de la vida. Nuestro tiempo es nuestra vida y ambos caminan velozmente. Utilícelo sabiamente antes que desvanezca. Aunque siempre nos encontraremos con muchas tareas incomodas a realizar diariamente y muchos consejos de cómo desarrollarlas eficientemente, igualmente importante disfrutar nuestro tiempo en actividades diarias placenteras que nos compensen y satisfagan.

Relájese y tome las cosas calmadamente

Esta comprobado que el nivel de estrés tiene relación directa con alta presión arterial y por ende con enfermedades cardiovasculares. La forma en que se responde a las condiciones que se presentan en la jornada diaria es lo que produce estrés, más que la situación per se. Es importante estar preparado para afrontar estas situaciones, relajándose y tomando las cosas calmadamente antes de iniciar la etapa de análisis, de toma de decisiones y planes de acción.

Simplificar nuestra vida debe ser una meta

La agresividad en el mercadeo de productos de consumo ejerce gran influencia en nuestra decisión de compra. La publicidad y promoción de productos nos llega abundantemente a través de medios convencionales como prensa, radio, televisión, publicidad exterior, correos directos, catálogos, mensajes de texto, etc., Su función es crear la necesidad de compra o un sentimiento de insatisfacción y obsolescencia de lo que tenemos. Esta agresión además de estresante, estimula la decisión de compra y terminamos adquiriendo cosas que no necesitamos. Entre menos artículos y posesiones tengamos mas tiempo liberamos. Es imposible poseer de todo y a la vez tener tiempo para disfrutarlos. Piense esto la próxima vez, antes de comprar, y simplifique su vida.

Salud, ante todo

Pese a que nos mantenemos ocupados con las responsabilidades que hemos asumido, jamás debemos sacrificar nuestro tiempo renunciando a nuestra rutina de ejercicios habituales, chequeos médicos rutinarios, o nuestro merecido descanso. Mantenernos saludables es mucho más práctico, fácil y positivo para un efectivo manejo del tiempo que tener que recuperarnos de un quebranto de salud.

Manténgase en forma

No mantener una adecuada condición física puede causarte fatiga y cansancio crónico. Establezca una rutina diaria de acondicionamiento físico haciendo ejercicio a la misma hora. De esta manera se desarrolla una buena costumbre y hábito. Nunca anteponga el trabajo a la salud.

Disponga de tiempo para mantenerse en forma

Aunque nuestra actividad laboral nos demande tiempo, simultáneamente debemos adquirir disciplina para realizar una saludable rutina de ejercicios. Sí constantemente aplazamos el ejercicio estamos destinados a una vida sedentaria. Como dueños de nuestro propio tiempo siempre encontraremos el espacio para desarrollar una actividad que consideremos prioritaria e importante y la salud es una de ellas. ¿Sí sufriera un infarto repentino dispondría usted del tiempo para ir a la clínica u hospital? ¡Lógicamente que sí! Igualmente piensa en ello con la rutina diaria de ejercicio. Encuentre el espacio, disponga del tiempo y anótelo en su agenda como sí se tratará de un compromiso prioritario.

Caminar

El ejercicio mas sencillo y disponible es caminar. Si tiene mascota aproveche la rutina diaria y salga a caminar con ella. Si tiene oportunidad de caminar en un entorno ambientalmente amigable hágalo. Nada mas placentero que escuchar el canto de pájaros, vislumbrar la majestuosidad del vuelo, el correr de ardillas, percibir los aromas florales y si esta cerca al mar, oír el susurro de las olas. Es una experiencia sensorial excepcional. Por algo grandes pensadores y mentes creativas como Jobs y Gates aprovecharon eficazmente sus caminatas rutinarias. Phil Knight, creador de NIKE, trota varios kilómetros diarios, tiempo que además del ejercicio físico sirve para pensar despejadamente. Sana y agradable costumbre.

El ejercicio rutinario ahorra recursos

Prestigiosas publicaciones académicas y científicas confirman que aquellas personas que practican ejercicios rutinariamente se ausentan por razones de enfermedad la mitad del tiempo que los otros empleados y consecuentemente no reclaman la indemnización correspondiente.

Actividades deportivas en familia

Hacer ejercicios o practicar algún deporte es protegerse. Es aprovechar los resultados de una buena salud y mantenerse en forma. Cultive esta actividad habitual para compartir en familia. Si su actividad es practicar algún deporte, enseñe e invite a sus hijos y esposa a hacerlo igualmente. Las familias que practican deportes juntos tienen oportunidad para conversar e intercambiar ideas, inquietudes y ansiedades propias de los años formativos.

Perfeccionismo I

Es más importante hacer que intentar hacerlo perfecto.

Perfeccionismo vs. Excelencia

Perfeccionismo es no ser realista gastando demasiado tiempo en alguna tarea que te impide invertir tiempo en la realización de otras de mayor importancia. La excelencia esta en la habilidad de hacer lo mejor posible con el tiempo y los recursos disponibles.

Programe su salida de la oficina o casa. No se deje atrapar de hacer una ultima cosa antes de salir

Cuando este listo para salir de su oficina o casa con el fin de cumplir un compromiso o cita, no permita que lo interrumpa el teléfono o alguien que "solo le quitará cinco minutos". Active el contestador automático por lo menos diez minutos antes de salir y no se deje tentar en contestar, con toda seguridad será distraído por la conversación telefónica y llegará tarde a su compromiso.

Comprométase consigo mismo a respetar la puntualidad

Si espera cumplir oportunamente un compromiso o cita y todavía considera tener un poco más de tiempo disponible, es preferible llegar temprano en vez de realizar una ultima cosa antes de salir, que puede demandarle más tiempo, hacerle llegar tarde a su compromiso y al final sentirse fatigado, estresado e incomodo.

Planificación

Invierta en planificar su futuro

De las mejores inversiones puede hacer con su tiempo es emplearlo en una adecuada planificación, organización y proyección de sus trabajos, oficios y tareas. Con una adecuada planificación ahorrará tiempo y evitará una frustración futura. Situaciones tan sencillas como que su automóvil quede sin combustible, se acabe el papel en la bandeja de la impresora o no hay leche para mañana, son previsibles, pero una planificación evitará momentos desagradables. Prepárese permanentemente en prever situaciones mediante una apropiada planeación.

Planifique a largo plazo

La incertidumbre causada por la preocupación constante puede ser producto de la falta de planeación a mediano y largo plazo. Sea realista e inicie una adecuada planificación de sus metas, objetivos y actividades con miras al largo plazo. Hágase preguntas tan sencillas, como ¿donde quiero estar en 5, 10 o 20 años? Con la respuesta puede planificar con el objetivo claro.

Planifique para su retiro

No limite la planificación de su retiro únicamente a la parte económica. Es igualmente importante planificar la dedicación de su tiempo cuando llegue ese merecido período. Examine las actividades que ha desempeñado a lo largo de su carrera. Anote y resalte todas aquellas actividades que ha disfrutado como, por ejemplo, avistamiento de aves, caminar, dibujar, escribir, hacer ejercicio, fotografía, música, pintar, entre otras. Planifique como incorporarlas a su actividad de retiro. No habrá mejor tiempo que aquel para realizar las actividades que más disfruta o nuevas actividades que quiere aprender. Sí además ellas puedan tener una retribución económica que mejor que percibir ingresos por algo que le distrae y le complace.

Planifique y no se deje vencer

La falta de planificación es uno de los factores que más influye en no alcanzar los objetivos o metas personales y profesionales. Otro factor que impide alcanzar las metas es darse por vencido ante las primeras dificultades e inconvenientes. Cuando enfrente problemas vuelva a la etapa de planificación. Quizás encuentre la falla en esta etapa y proceda a corregirla. No olvide que una de las mejores inversiones de tiempo es aquel que dedicamos en la planificación de nuestras actividades conducentes al logro exitoso de metas y objetivos.

Sea prudente al adquirir compromisos

Cuando alguien solicite su colaboración espontánea y desinteresada en la realización de actividades sociales, familiares o comunitarias indague y estime rápidamente el tiempo que dedicará a esta labor antes comprometerse. Es preferible declinar y expresar francamente su limitación de tiempo antes que adquirir un compromiso que no podrá cumplir cabalmente.

Siempre Listos

Este eslogan empleado por un sinnúmero de agrupaciones del movimiento scout es importante tener en cuenta para la buena planificación de todas sus actividades sin importar si ellas corresponden a actividades relacionadas con el hogar, su familia, su comunidad o su trabajo. Trate de planificar sus actividades y disfrutará con mayor satisfacción el tiempo empleado en ellas.

Revise los asuntos realizados al final de la semana

Acostumbre revisar los asuntos, citas, tareas y compromisos realizados de la semana al final de la misma. Este buen hábito le proporcionará información sobre los asuntos pendientes, citas y compromisos que deben reprogramarse, tareas que requieren seguimiento y llamadas deben realizarse. Con esta información programe espacios de tiempo de la semana siguiente que requieren cada una de estas actividades.

Sea proactivo

La suerte nos acompaña permanentemente, sin embargo, se manifiesta positivamente cuando la oportunidad nos encuentra preparados para recibirla. Por ello la importancia de siempre estar preparados para cualquier eventualidad, trátese de una reunión comercial, de ventas, entrevistas, viajes de negocios, seminarios, etc., Ese día, o quizás hoy, puede ser su día de suerte.

Libere espacio de *su disco duro*

Esta instrucción es cada día más común en la administración de equipos tecnológicos, en razón al exceso de información, programas y archivos que acumulamos y guardamos diariamente. Nuestra memoria funciona en forma similar. Lleve siempre un cuaderno, un pequeño bloc de notas o un portátil para anotar cualquier eventualidad, recordatorio, compromiso, cita, meta o número telefónico. No se acostumbre anotar en cualquier pedazo de papel, lo mas seguro es que lo extravíe y consecuentemente pierda lo anotado. Utilice su dispositivo móvil, mediante mensaje de voz.

Libere espacio de *su disco duro* que puede emplear en tareas productivas.

Agendas (Planificadores)

Prográmese y comprometa su tiempo en su agenda o planificador

Proyectar su tiempo no debe corresponder única y exclusivamente a llevar una programación de citas, compromisos, reuniones, entrevistas, etc. Planifique su tiempo de tal forma que disponga de tiempo para adelantar, revisar o concluir sus proyectos y tareas. Anote en su agenda estos espacios de tiempo como si se tratara de una cita con un tercero y no cambie su programación. Con excepción de sus vacaciones o compromisos familiares que requieren mayor tiempo de organización trate de planificar su tiempo en bloques de quince días, más que suficiente para el manejo apropiado de sus prioridades. Cuando este programando su tiempo no olvide dejar espacios para trabajar en el cumplimiento de sus metas y objetivos de corto, mediano y largo plazo.

La agenda es una herramienta de consulta permanente

Su agenda (planificador) es una herramienta de consulta permanente. Por ello habitúese escribir todas aquellas actividades que le faciliten una eficiente y efectiva administración de su tiempo y conduzcan al logro de sus objetivos. En ella debe anotar sus citas, compromisos y actividades programadas. Igualmente debe registrar la lista de tareas por ejecutar, llamadas telefónicas por realizar, seguimiento a los proyectos iniciados y sus fechas de vencimiento. Habitúese a consultar diariamente e introducir los cambios necesarios continuamente.

Existen variadas aplicaciones disponibles para sistemas operativos Android o IOS. Consulte en la web cada una de sus ventajas y selecciona la que mas le convenga para sus tareas. Google Calendar, Google Keep, Ticktick, Microsoft One Note, Microsoft To Do, son algunas gratuitas puedes encontrar.

Las agendas que permiten visualizar la semana completa son más prácticas

Cuando se encuentre seleccionando la agenda a utilizar es aconsejable emplear aquellas que permitan visualizar la semana completa al abrir la página correspondiente. Así podrá revisar en una sola mirada todas las actividades de la semana seleccionada. La mayoría de agendas digitales o aplicaciones móviles tienen igualmente incorporada esta opción.

La importancia de guardar agendas anteriores

Si usted todavía utiliza agendas o planificadores convencionales acostúmbrese a guardarlas cuando haya concluido el año correspondiente. Usted podrá consultar la información ahí contenida, como números telefónicos, direcciones, citas, etc., en los años venideros. Marque en el lomo del libro el año correspondiente y ubíquela en su biblioteca para referencia futura.

Si usted utiliza agendas digitales no olviden copiar y sincronizar la información a su computador principal y efectuar copias de seguridad en la nube o discos extraíbles de respaldo, anotando de forma visible el año correspondiente que se ha salvado y guardado.

Acostúmbrese a utilizar cuadernos

Adicionalmente al buen uso que le damos a nuestra agenda, planificador o aplicación acostumbrémonos a utilizar cuadernos para llevar registros de las tareas que venimos realizando. Los cuadernos escolares que traen separadores son de considerable utilidad para organizar en forma temática sus asuntos. No olvide colocar la fecha cada vez que introduzca un nuevo registro y cuando anote la fecha del próximo contacto apunte este registro recordatorio igualmente en su agenda.

Su misión y su agenda

Nuestra agenda es el instrumento básico para detallar planes, compromisos, citas y metas. Si ha definido su misión escríbala en las páginas iniciales. Si utiliza una agenda electrónica, prográmela para que aparezca en la pantalla de inicio. Al tener el recordatorio diario de lo que quiere alcanzar en su vida profesional o personal le obligará a ser más juicioso en rechazar aquellas tareas o labores distractoras que no conduzcan al objetivo primordial.

Priorice su agenda

Cuando ya ha determinado prioritariamente por nivel de importancia los asuntos que debe realizar y ejecutar, anótelos en su agenda con algún símbolo que le ayude a programar el tiempo que requiere para su realización. Antes de programar y con el fin de disponer efectivamente del tiempo previsto, revise y analice que los compromisos previos y posteriores no vayan a interferir con la concentración requerida para acometer esta tarea prioritaria.

Mantenga su agenda abierta

Una buena costumbre y hábito es mantener su agenda o planificador abierto permanentemente y a su alcance. De esta manera puede fácilmente observar sus compromisos cuando este revisando sus correos electrónicos, correspondencia o hablando por teléfono y así tener la seguridad de poder comprometer su tiempo sin interferir con alguna otra actividad, compromiso o cita planeada previamente.

¿Agenda digital o planificador convencional?

La innovación en los últimos años de dispositivos móviles con capacidad y disponibilidad de integrar Internet, correo, agenda electrónica y otros servicios, abre la discusión sobre las ventajas de estos modernos equipos comparados con las agendas convencionales de papel. Sin embargo, ésta también tiene sus ventajas. No se pueden dibujar, escribir o anotar compromisos y citas en el mini teclado con la rapidez y fluidez que se logra en un planificador convencional. Acceder a la información volteando la hoja es más sencillo que encender el equipo, oprimir botones de comando, etc. Es mucho más fácil leer en una agenda convencional, su inversión inicial es mucho menor, al igual que su costo de reposición en caso de pérdida o daño.

Sin embargo, las digitales permiten introducir información y almacenar en su memoria el archivo de muchos años. Su tamaño es pequeño y tienen espacio ilimitado para escribir notas, tareas, cosas por hacer, archivos, carpetas, etc., Sólo se requiere anotar una vez los recordatorios de fechas importantes o eventos repetitivos; mantiene actualizado su directorio; se pueden guardar archivos de seguridad y sincronizar estos permanentemente con su computador para salvaguardar y respaldar la información. La difícil decisión de cuál es más ventajosa se la dejo a usted. Lo importante es tener su planificador o agenda como un instrumento y herramienta fundamental en la administración y manejo del tiempo.

Delegación

Delegación para Administradores del Tiempo

Un buen administrador del tiempo, y por ende excepcional gerente corporativo, debe ocupar un 90 por ciento de su tiempo en funciones como planeación, organización, comunicación, control, motivación y representación de la empresa. No se deje llevar por labores netamente administrativas. Delegue estas en su equipo de trabajo.

Beneficios de la Delegación

Delegar no solamente ahorra tiempo, sino que además permite que el personal realice trabajos de mayor valor y satisfacción. Delegar contribuye al mejoramiento del clima organizacional y autoestima individual. Al mismo tiempo facilita tanto la motivación como la capacitación de sus empleados.

Delegue a otros

No delegue únicamente en su lugar de trabajo. En otras actividades diarias también puede aprovechar mejor su tiempo contratando otras personas para que ayuden con reparaciones menores y mantenimiento de oficios domésticos. Como el dinero nunca será más valioso que el tiempo, libere su tiempo y disfrute aun más su vida. No malgaste el tiempo y su vida en trabajos que detesta.

Si algo debe hacerse, vale la pena entrenar a otra persona para que lo pueda realizar.

Valore su tiempo

No gaste tiempo en una labor u oficio que alguien de menor remuneración pueda realizar adecuadamente.

Delegación

Al empresario Henry Ford, se le atribuye el haber manifestado "Si alguien es indispensable, despídalo." Un poco drástico, por no decir lo menos; pero diciente en el sentido que si los administradores generales no delegan pueden estar impidiendo el desarrollo y progreso de la empresa o entidad. Una de las metas de todo buen director es entrenar a alguien para que lo suceda. Fracasar en este intento entorpece todo un proceso de promocionar los subalternos de una organización y desmotiva la iniciativa de sus ejecutivos. ¿Tiene usted programas de entrenamiento en delegación sistemática como uno de los objetivos de sus más inmediatos colaboradores? Si no la tiene, reflexione sobre la necesidad de implementar este tema.

Uno de los hombres más ricos del mundo y gran filántropo norteamericano de su época, Andrew Carnegie dijo en una ocasión, "El secreto del éxito se fundamenta no solamente en hacer bien el trabajo sino saber seleccionar a la persona indicada para hacerlo."

Delegación ascendente

Si sus colaboradores y subalternos están siempre pendientes que usted les solucione sus problemas entregándole borradores de su trabajo para que usted se los corrija o permanentemente solicitan su opinión sobre el trabajo asignado a ellos, puede estar usted convirtiéndose en victima de una delegación ascendente. Pida que le formulen soluciones y respuestas, no problemas.

Delegue Responsabilidades

Sí el correo electrónico, mensajes de texto, de voz y memorandos llegan a su nombre, no significa que sea usted la única persona que deba responder. Delegue también estas labores a sus subalternos.

Haga seguimiento a la delegación

Cuando delegue alguna tarea, registre en su agenda o planificador la fecha limite para su entrega. Sin embargo, asegúrese anotar igualmente otra fecha anterior a esta para hacerle seguimiento a la labor encargada.

Sobrecargado de trabajo o subdelegado

Un estudio de la Universidad Tecnológica de Georgia publicado en Noviembre de 1992 en el boletín **Working Smart**, reveló que los ejecutivos gastaban aproximadamente el 27% del tiempo trabajando a su nivel y un 59% realizando labores de un nivel inferior.

No se sienta cómodo criticando su destino. Atrévete a buscar nuevos rumbos. Sí usted quiere responsabilidad y autoridad adicional, solicítela. Algunos ejecutivos son reacios a la delegación por muchas razones, algunos consideran que "no tienen tiempo para entrenar a sus subalternos" o consideran que "sus subalternos están demasiado ocupados con sus propias responsabilidades."

Disciplina

La Importancia de la Autodisciplina

La autodisciplina involucra un esfuerzo continuo sin recompensa inmediata. Es continuar trabajando en algo, aunque la recompensa se vislumbre en un futuro lejano. Se requiere autodisciplina para estudiar semestre tras semestre o continuar trabajando en un proyecto día tras día, mes tras mes cuando el final se ve distante. Es por esta razón que se sucumbe a la procrastinación, perdida de interés o sencillamente nos rendimos.

Visualizar el objetivo

Para mantener la autodisciplina debe convencerse a si mismo de que la recompensa eventual vale el esfuerzo y continuamente debe visualizarse la misma. Debe mantenerse vivo el objetivo y tener en mente la recompensa que recibirá al lograrlo. Concéntrese no en el dolor del momento sino en la felicidad del éxito. Mientras la motivación se mantenga en alto, la autodisciplina se mantendrá fortalecida. La autodisciplina se opone a nuestra tendencia natural de tomar el camino más fácil evitando incomodidad y trabajo poco placentero. Debemos negarnos a estas tentaciones. Si decir no a los demás es suficientemente difícil, negarnos a nosotros mismos es inconmensurablemente trabajoso.

En el juego de golf, cuando el jugador se alista a dar su primer golpe en el tee de salida, visualiza su triunfante llegada al green. Concibe cada uno de los golpes e imagina el golpe final cuando la bola entra en el distante hoyo. Nunca pierde la resolución final.

Construyendo Autodisciplina

Interrumpiéndonos permanentemente para responder asuntos urgentes que carecen de importancia nos llevan a desperdiciar tiempo. Practique la autodisciplina resistiéndose al impulso de abandonar lo que esta haciendo para hacer cosas comunes como contestar el teléfono la próxima vez que timbre. Si esta de salida, por ejemplo, ignórelo.

La autodisciplina

Muchos de los asuntos importantes en nuestras vidas y en trabajos no son llamativos y agradables de realizar. Sin embargo, al ejecutarlos esta usted entrenándose en la practica de la autodisciplina.

Método de Cuatro Pasos para ejecutar tareas

1. Comprométase en iniciar sus tareas a una determinada hora.
2. Separe y divida las tareas en fracciones más pequeñas y por ende más fáciles de realizar.
3. Programe en su agenda el tiempo requerido para trabajar en estos segmentos.
4. Recompénsese una vez haya completado y terminada cada una de las tareas.

Mantenga su enfoque y concentración en una sola tarea a la vez

Saltar de una tarea a otra y viceversa solo contribuye a malgastar su tiempo. De acuerdo a los conceptos de la mayoría de expertos en administración del tiempo, cada vez que se cambia de una tarea a otras se pierde por lo menos diez minutos en cada ocasión.

Fijación de Metas

Propósitos vs. Metas

Generalmente los propósitos anteceden las metas. Las metas determinan el que, cuando y como, mientras el propósito determina el porque.

La necesidad de fijar metas

Sin fijación de metas fácilmente nos convertimos en victimas de nuestra rutina y actividad diaria. Con el fin de ser más productivo en su proceso y meta de vida, establezca primero lo que quiere hacer el resto de su vida.

Limite sus metas

Limitar el número de metas fijadas para el año lo obligará a concentrarse en unas pocas y no distraerse en otras atractivas, encantadoras y sublimes, pero menos importantes. Las metas nos exigen enfocarnos en lo que realmente es importante en nuestras vidas. No podemos hacerlo todo, pero sí aquellas cosas que son más importantes para nosotros. Escríbelas en tu agenda y así te comprometerás en utilizar tu tiempo para trabajar en obtenerlas.

La fijación de metas incrementa la productividad

En estudios realizados y comentados, quienes fijan metas incrementan su productividad en un 16 %. Las personas que fijan metas se sienten con más confianza y salud que aquellas que no lo hacen según Mark Lee en su libro **How to set Goals and Really reach Them (1978)**

Conquiste el éxito a través de la fijación de metas

Mark McCormacks en su libro ***Secretos del Éxito (1989)***, y boletines posteriores, hace referencia a la importancia en la fijación de metas. Ejemplarizaba manifestando que el 83% de los egresados de la prestigiosa Universidad de Harvard no se habían fijado metas diez años después de haberse graduado mientras un 14% aunque tenían cierta claridad de sus objetivos no los habían dejado por escrito. El 3% restante si los habían dejado por escrito y estaban devengando en promedio diez veces más que el grupo sin metas escritas. Aun en el grupo de ese 14% cuyas metas no estaban escritas devengaban 3 veces más que aquellos que no tenían metas.

La importancia de trazar y dejar por escrito sus metas

Si en promedio por la mente pasan más de 60,000 pensamientos diarios, al trazar y dejar por escrito nuestras metas y deseos le estamos enviando una alerta al subconsciente que lo que hemos dejado por escrito es más importante que los otros 59,999.

¿Dónde escribir su lista de metas y prioridades?

Las metas, una vez escritas y debidamente priorizadas deben estar a su alcance permanentemente. Anótelas en su agenda, planificador diario o puede descargar un variado abanico de aplicaciones que puede usar.

Los sistemas operativos de Windows, Google, Android, Apple, son compatibles con las diferentes aplicaciones disponibles. En las tiendas Apple, Microsoft o Google puede encontrarlas y decidir cual de las diferentes aplicaciones mejor se acomodan a su perfil y comodidad.

La fijación de metas requiere de compromiso

En su libro **Creating a Success Environment**, Keith De Green (1979) dice: "Se puede fácilmente dividir en dos clases de personas – aquellas que fijan sus objetivos con tan vigoroso deseo y compromiso que no tienen otro camino diferente al éxito – y otras que fijan sus metas con tan poco deseo y compromiso que no tiene otro camino diferente al fracaso."

Las fechas límites mejoran la productividad

Fije fechas limites a cada una de las tareas y actividades que deseas emprender con el fin de asegurar que se vea reflejada la importancia y el valor de cada una de ellas.

Antes de anotar fechas límites de sus trabajos prioritarios en su agenda, programe espacios de tiempo para realizarlas con suficiente antelación. Acostúmbrese a programar más tiempo del que considera se requiere para completar la tarea. Es mejor que le sobre tiempo para una revisión minuciosa del documento final y una excelente presentación de su tarea prioritaria, que estar corriendo con el trabajo, cometiendo errores insignificantes y de presentación que le pueden restar credibilidad al contenido del trabajo final.

No obstante, los programas de revisión ortográfica son una útil herramienta, a veces los correctores automáticos reemplazan palabras similares que cambian totalmente el significado de la frase, el párrafo y lo que definitivamente se quiere expresar.

Propósitos de año nuevo

Se estima que el 25% de las personas que se fijan propósitos de año nuevo pierden motivación después de la primera semana. Por esta razón es primordial fijar una meta importante en vez de una larga lista de sueños. Asegúrese escribirla, que sea realista y que tenga fecha de terminación. Programe en su agenda tiempo semanal para trabajar en ella.

Prioridades

¿Como identificar una prioridad?

Una prioridad es aquella actividad que le ayuda a la obtención de una meta corporativa o personal. Aun si su empresa no comunica con claridad las metas y objetivos, y su jefe tampoco da pautas, es a usted en quien recae la responsabilidad de preguntarse si la actividad que desempeña le trae algún beneficio palpable a su compañía o a usted. Si la respuesta a esta pregunta es negativa entonces esa actividad debe ser reordenada en su lista de prioridades colocándola al final de la misma o quizás suprimiéndola totalmente de su agenda de prioridades.

¿Cuál debe ser su primera prioridad?

El más alto valor debe corresponder a la renovación y fortalecimiento permanente de nuestro propio ser. La serenidad espiritual y tranquilidad mental ayudará a mantener una vida saludable y vigorosa que permitirá asumir los retos propios de su actividad profesional. Como propósito de año nuevo programe su tiempo de vacaciones, recreación, actividades familiares y de salud. No permita que las actividades laborables interfieran con este propósito.

¿Cuales son sus prioridades?

Enumere sus tres principales prioridades en su vida, y organícese de tal manera que realmente este disponiendo del tiempo necesario para ellas. En una encuesta realizada por Lesley Bolton, profesora universitaria y escritora, los norteamericanos encuestados consideraron la familia, lo espiritual y la salud las principales prioridades seguidas de una satisfactoria situación tanto laboral como económica.

Primero lo primero

Nunca programe realizar una actividad prioritaria finalizando el día o la semana, pues posiblemente esta actividad se acumule con una más del cúmulo de problemas, no resueltos y pierde su grado de prioridad.

Enfóquese en sus prioridades

Quizás una de las razones más comunes en no alcanzar las metas propuestas esta en que dedicamos tiempo a otras actividades secundarias. Enfoque toda sus energía y dedicación a realizar ante todo lo que ya ha definido como prioritario.

Compare prioridades con su jefe y sus subalternos

Es probable que las prioridades que usted haya establecido no sean las mismas que ha fijado su jefe y a la vez han determinado sus subalternos. Revísenlas conjuntamente y establezcan unas prioridades colegiadas. Mediante esta simple y sencilla práctica evitarán invertir tiempo innecesariamente en asuntos que posteriormente no son considerados prioritarios por la empresa, entidad u organización.

¿Cómo y cuándo debo programar mis prioridades?

Una vez establecido el orden prioritario de sus tareas programe la realización de las mismas bloqueando espacios de tiempo en su agenda para ocuparse de ellas. Permita por lo menos un 50% más del tiempo estimado inicialmente. Aíslese de recibir llamadas telefónicas, interrupciones de su sistema de correo electrónico, mensajería instantánea y visitas innecesarias. Concéntrese en su realización y siga hasta que considere ha alcanzado un avance específico.

Concéntrese en los resultados

Debemos esforzarnos en alcanzar la excelencia, no la perfección. Obtener logros, no mantenernos ocupados. Buscar eficiencia en vez de emplear nuestro tiempo en largas jornadas de trabajo.

Interrupciones

Las interrupciones en nuestro sitio de trabajo son comunes en todos los niveles y debemos aprender a manejarlas. ¿Atendemos llamadas telefónicas permanentemente? ¿Revisamos el correo electrónico y mensajería instantánea cada vez que escuchamos la alarma de mensajes entrantes? ¿Nos dejan en nuestro escritorio o bandeja de entrada documentos para ser revisados o firmados en todo momento? ¿Nuestro asistente nos interrumpe para dejarnos un recordatorio de algún compromiso pendiente? Aunque estos constituyen los más comunes ladrones del tiempo, son solucionables.

Organicémonos de tal forma que evitemos interrupciones innecesarias que distraen nuestra concentración y que nos obligan a volver a empezar en lo que estábamos trabajando. A continuación, algunas sugerencias para el manejo de interrupciones. Practíquenlos y descubrirán que pueden seguir atendiendo todos los asuntos y tareas en forma ordenada con mayor efectividad, eficiencia y en menor tiempo.

Manejo de interrupciones

Indudablemente uno de los grandes ladrones de nuestro tiempo son las interrupciones y por ello debemos aprender a manejarlas y administrarlas. Un consejo práctico es siempre ponerle una tarea a quien lo interrumpe. Aunque en principio no percibirá el mensaje, con el transcurrir del tiempo lo pensarán antes de volverle a interrumpir por la prevención de recibir siempre de parte suya otra tarea para cumplir.

Programe espacios de tiempo sin interrupciones

Concentrarse plenamente cuando esta realizando tareas o labores es uno de los mejores aliados en lograr una efectiva administración del tiempo. Cuando se comprometa a realizar y terminar un proyecto o tarea en un tiempo determinado programe espacios de tiempo en lugares donde pueda concentrarse completamente y sin interrupciones. Sin embargo, acostúmbrese realizar pequeños periodos de descanso cada hora u hora y media después de estos tiempos de plena concentración. Este espacio lo puede utilizar para consultar llamadas telefónicas o mensajes recibidos. Después de esta breve interrupción reinicie la labor hasta culminar la etapa que previamente se ha fijado.

¿Que contestar cuando lo interrumpen?

Cuando es interrumpido inesperadamente durante su jornada laboral muestre una actitud positiva hacia la interrupción. Advierta que tan solo dispone de unos minutos en ese momento para tratar el asunto pero que en caso de requerir tiempo adicional usted lo programará en su agenda. De esta manera deja abierta la puerta para un dialogo posterior si el tema es de su interés.

Interrupciones por viaje

Con frecuencia cuando estamos trabajando en un proyecto o tarea y hemos programado el tiempo para realizarla, se presenta un viaje de negocios repentino que nos obliga a ausentarnos de nuestro sitio habitual de trabajo. Cuando esto se presenta, vuelva a reprogramar su tiempo y será más fácil reiniciar si ha dejado por escrito los que usted consideraba eran los pasos que debía seguir.

Alto costo de las interrupciones

Se ha comprobado que cada vez que se interrumpe una persona en su trabajo este requiere por lo menos el doble del tiempo en volver a su nivel de concentración en la labor que venia desarrollando. Por lo tanto, evite las interrupciones pidiendo a su asistente informar a quienes lo requieren que usted pidió no ser interrumpido. Silencie temporalmente el teléfono y celular, cierre el programa de correo electrónico y la puerta de su oficina. Igualmente sea recíproco no interrumpiendo a sus compañeros cuando ellos estén trabajando concentradamente.

Interrupciones y oportunidades

Es aconsejable evitar al máximo las interrupciones. Sin embargo, no debemos obsesionarnos a tal punto que le cerramos la puerta a las oportunidades que se presentan. Recordemos que muchas veces las oportunidades son interrupciones disfrazadas que llegan en momentos inoportunos. Permita algún tiempo adicional en su jornada para considerar si la interrupción puede ser una oportunidad que merece ser explorada y analizada.

Mensajes a través de redes sociales

La tecnología nos ha llevado a utilizar masivamente dispositivos móviles empleando un variado universo de aplicaciones de mensajería instantánea (IM). Si bien es cierto, existen diferencias entre las diferentes aplicaciones, unas mas sociales y de imágenes (Facebook, Messenger, Yahoo, Hangouts, Instagram, Whastapp, etc.), otras mas corporativas (Linkedin), otras de textos mas cortos (Twitter), las plataformas siguen siendo fundamentalmente las mismas.

Terminología de aplicaciones de redes sociales

Correo Electrónico – **Es considerado el sucesor de la tradicional y convencional carta en papel, escrita manual o tipográficamente, enviada a través de las plataformas físicas de correos postales, de los memorandos o documentos formales internos corporativos.**

Breve historia del correo electrónico

En 1965, la Universidad MIT empleó el precursor programa bautizado como ***Mailbox (Casillero de Correo).*** Los estudiantes podían dejar en el casillero mensajes electrónicos para que otros compañeros pudieran leer posteriormente. En 1969 el Departamento de Defensa Norteamericano había ido un paso adelante creando la primera red de computadores conectados a través de una incipiente plataforma conocida como ARPANET.[1]

Se le atribuye al programador informático norteamericano Ray Tomlison (1941-2016), quien adoptó, en la década de los setenta, el primer programa de envió de mensajes a través de la red (SNDMSG) y a quien se le ocurrió separar el nombre de usuario del servidor con el poco usado signo de arroba @.

---

[1] Advanced Research Projects Agency Network

En la década de los años ochenta ARPANET había evolucionado hacia una robusta red de intercomunicación de redes, la que hoy conocemos como INTERNET. Posteriormente transformada en la red global, www (World Wide Web), que hoy conocemos y usamos permanentemente.

Mensajería Instantanea (IM) - **La informalidad e inmediatez introducida por los usuarios crearon la mensajería instantánea. En su inicio correspondía únicamente a mensajes de texto. Posteriormente y en la actualidad (2021) podemos enviar y recibir a través de todo tipo de dispositivo imágenes, archivos, sitios web, y casi todo tipo de archivo.**

Chats - **Traducida adecuadamente como** *charla* **en español, es precisamente un salón de tertulia virtual. Se pueden conectar, en línea, dos o mas personas e inclusive crear grupos de conversatorios afines.**

Foros de discusión o video conferencias - **Fue la plataforma de mayor crecimiento en el año de pandemia (2020). Con anterioridad era comúnmente empleada empresarialmente con el fin de realizar reuniones con participación multiusuario y ventaja de utilizar multiples pantallas de asistentes. Zoom Video, Microsoft Teams y Google Meet, son las mas utilizadas.**

Comunicación

Saber comunicar es una herramienta esencial y fundamental.

Tres C's de la comunicación

Cuando escriba cartas, documentos, mensajes electrónicos de texto e inclusive mensajes de voz no se olvide de las tres c's deben imperar en la comunicación; Concisa, Clara y Concluyente.

Comunique con claridad

Sea que este enviando cartas, correos electrónicos o dejando mensajes de voz, trate de ser detallado y preciso. Evite dejar mensajes tales como "Llámame cuando puedas" cuando es más puntual decir, "Por favor comunícate conmigo antes del mediodía de mañana".

Aproveche y acostúmbrese dejar los números de su teléfono, con su respectiva extensión o su numero celular con el mensaje. Así facilitará al receptor devolver la llamada sin tener que buscar su número.

Comunicar con claridad. Editar mas que corregir y perfeccionar

Para una buena comunicación es importante e indispensable editar, corregir y pulir cualquier documento, sea una carta, un artículo, una presentación o una propuesta. Pero llega el momento en el cual no se puede mejorar más y sencillamente se vuelve diferente. Cuando pienses que ya esté listo lo que quieres comunicar debes considerar ha llegado el momento de dar por terminada la tarea y procede a su envío o archivo. No caigas en la tentación de seguir buscando el documento perfecto, de lo contrario, jamás terminaras.

Cuando este revisando documentos, cartas o presentaciones de otros, no se ponga en la tarea de corregir el documento como tal.

Tan solo limítese a editar el documento, corregir errores de gramática e inconsistencias. Es más que suficiente. Aproveche la edición del documento para señalar porque considera usted deben introducirse los cambios y correcciones. De esta manera quien escribió el documento recibirá una lección y aprenderá de los errores corregidos.

Sí tiene dudas, pregunte

La mala comunicación es quizás uno de los grandes ladrones del tiempo. Nunca adivine, asuma, interprete o dé por aceptado cuando reciba algún tipo de comunicación incompleta. Pregunte, indague e investigue lo que con exactitud se requiere y así evitará desperdiciar tiempo y tener que volver hacer la tarea.

Consejo al comunicarse con sus empleados

Si tiene algo que comunicar a sus empleados, hágalo en la mañana, pues generalmente somos más receptivos y estamos más atentos en la mañana que más tarde en el día. Y si se trata de delegar alguna tarea o pedirles su colaboración sobre algún asunto en particular tendrán todo el día para desarrollarlo y ejecutarlo.

Comunicación Telefónica

Disponga del tiempo requerido para realizar llamadas telefónicas

Para iniciar la labor de retornar o hacer llamadas telefónicas debe programarse disponiendo y bloqueando tiempo en su agenda. Aconsejo iniciar llamadas temprano en la mañana con el fin que los receptores inicien labores en los proyectos y tareas que usted requiere de ellos. Igualmente aproveche el inicio de la tarde para continuar la labor de comunicación telefónica.

Las estadísticas muestran que los lunes en la mañana y los viernes en la tarde son los peores espacios de tiempo para hacer llamadas efectivas.

Devolviendo Llamadas Telefónicas

Acostumbre devolver llamadas devueltas dentro de las 48 horas posteriores al haber recibido el mensaje inicial. Aproveche los sistemas de correo de voz, mensajes de texto o mensajería instantánea para dejar razón que esta retornando una llamada. Cuando le contesten comunique que esta devolviendo una llamada, lo cual facilitará para que el receptor atienda su llamada.

¿A que horas devuelvo llamadas?

Cuando revise las llamadas recibidas anote la hora en que estas fueron realizadas. Esta información probablemente demostrara que la mejor hora para devolver la llamada puede ser en el mismo horario en que fue recibida, cuando habitualmente esa persona ha destinado un espacio de tiempo para atender las comunicaciones telefónicas.

Lleve una libreta de registro y programe sus llamadas telefónicas

Habitúese en llevar una libreta de registro y apuntes de llamadas telefónicas. Antes de iniciar esta labor programe, escriba y anote en su libreta de registro y apuntes los temas a tratar en cada llamada. Este consejo le permitirá ser más eficiente y eficaz con sus comunicaciones telefónicas. Además, ahorrará tiempo con los temas tratados y en caso de no localizar al receptor el asunto y la temática quedan anotados en el registro que usted lleva.

Anote el tema tratado en su libreta de registro

Enséñese a escribir en su libreta de registro de llamadas el tema tratado, las conclusiones y las acciones de seguimiento con fechas límites para cumplirlas después de terminar la llamada. Registre fechas límites inmediatamente en su planificador o agenda y programe el tiempo requerido para realizar los correspondientes compromisos.

El teléfono puede ser un ladrón de su tiempo

Es aconsejable llevar por unos pocos días un registro del tiempo utilizado al teléfono para medir su impacto en el manejo del tiempo. Anote el tiempo de la conversación, a quien llamó, o de quien recibió la llamada y la importancia del asunto tratado. Después analice juiciosamente el comportamiento de su tiempo al teléfono. Tome medidas conducentes a mejorar la eficiencia y efectividad de esta vital herramienta contemporánea. No permita que se convierta en un ladrón de su tiempo.

Directorio Telefónico

Con el avance tecnológico de los sistemas de conmutación telefónica, que en su gran mayoría son contestadores automáticos que transfieren la llamada al número de extensión digitado, es importante anotar en su directorio la extensión respectiva. Igualmente, en sus tarjetas de presentación debe aparecer su número de extensión con lo cual facilita la comunicación.

Los actuales dispositivos móviles tienen incorporado identificador de llamada entrante. Es una útil, practica y eficiente herramienta. Además, automáticamente registra las llamadas, tanto recibidas como realizadas, facilitando llevar el registro. En caso de no dejar mensaje de voz en el casillero, puede dejar mensaje de texto, con información relacionada.

Transfiriendo llamadas

Es común, en toda organización, tener que transferir llamadas entrantes a otra persona para resolver la inquietud de quien ha llamado. Sea cortés y respetuoso. Antes de pasar la llamada anúnciele el nombre de la persona con quien lo esta comunicando, el cargo de esa persona, la sección o división donde trabaja y el numero de esa extensión.

Inclusive puede compartir la comunicación tripartita, presentar usted a las dos personas, y después abandonar la conferencia telefónica.

Grabe un mensaje breve en su contestador automático

Cuando se disponga a grabar el mensaje de bienvenida en su contestador automático piense en ser breve. Sea lógico y no use expresiones como ". . .no nos encontramos en este momento. . .", ". . .cuando podamos devolveremos su llamada. . .", etc., Invite a quien llama a dejar un mensaje que le permita trabajar a usted en el motivo o tema de la llamada. De esta forma cuando devuelva la llamada, será más productiva y eficaz con una respuesta o solución a lo solicitado. No olvide igualmente invitar a que dejen el número telefónico y extensión para retornar la llamada fácilmente.

Cambie el mensaje de su buzón o casillero de voz con frecuencia

Puede aprovechar la ventaja de cambiar el mensaje de su buzón o casillero de voz tanto de sus teléfonos fijos como de su celular. Si se ausenta por unos días de la ciudad enúncielo y así no le seguirán llamando sino hasta su regreso. Sí se encuentra en aquellos períodos de preparación de informes anuales y presupuesto que requieren de su total dedicación, exprésulo en su casillero. De esta forma está usted identificando su prioridad.

Aproveche las ventajas de utilizar casilleros de voz o mensajería instantánea

Existen mensajes que necesariamente no requieren de una conversación telefónica. Usted puede dejar instrucciones, agradecimientos e infinidad de mensajes cortos en los casilleros de voz o de mensajería instantánea, que necesariamente no requieran de una conversación telefónica. Puede realizar estas llamadas en horas no laborales aprovechando efectivamente su tiempo y a la vez conservando un canal abierto de comunicación.

Lo anterior también es extensivo para sus cuentas de correo. Puede dejar mensaje y usar la opción de contestación automática, indicando la fecha de regreso de viaje.

Deje mensajes breves y resumidos

Cuando le responda un contestador automático deje un mensaje breve resumiendo su solicitud e interés en contactar a la persona llamada. No exceda su mensaje más de 45 segundos, tiempo después del cual quien escucha se torna impaciente y disminuye su concentración y atención a su mensaje.

Utilización de teléfonos celulares mientras conduce

El incremento en la utilización de teléfonos celulares ha obligado a imponer restricciones a su uso mientras se conduce un automóvil. La utilización de sistemas de manos libres o dispositivos integrados al automóvil es cada día más común y de uso obligatorio. Sin embargo, una conversación que requiera cierto nivel de concentración no es recomendable realizar mientras conduce. Adviértale a la otra persona que usted esta conduciendo y concrete una conferencia telefónica originada desde su oficina. La distracción puede causarle un accidente automovilístico o una desventaja comercial en el asunto tratado. Piénselo antes de hablar telefónicamente por celular mientras esta conduciendo.

Etiqueta telefónica

Las reglas de etiqueta comunes en otros aspectos de nuestro diario vivir deben ser extensivas al uso del teléfono fijo y celular. Al realizar una llamada desde nuestro celular debemos anunciárselo al receptor para que tenga en cuenta la posibilidad de escuchar entrecortado, desvanecimiento de la señal, caída de la llamada o agotamiento de la batería.

Etiqueta telefónica II

Es prudente contestar las llamadas cuando haya sonado el teléfono la tercera vez. Si se contesta antes que haya timbrado la segunda vez, quien llama puede sentirse inseguro en lo que pretendía comunicar, pues considera no haber tenido suficiente tiempo en la preparación de lo que iba a decir. Sí se contesta después que haya sonado la tercera vez, quien llama sentirá que existe poco interés de parte del receptor en lo que se pretende comunicar.

Etiqueta telefónica III

Mantenga un protocolo de cortesía que puede emplear permanentemente cuando realice llamadas telefónicas. Dependiendo del grado de familiaridad con la persona a quien ha llamado pregunte por su familia, sus allegados y una vez respondido inmediatamente de inicio al tema objeto de la llamada. Mantenga la concentración, anote en su registro lo discutido y sea consciente del tiempo empleado. No se alargue innecesariamente convirtiéndola en una visita o conferencia telefónica.

La ventaja de tener un reloj cerca a su teléfono

Cuando este contestando o realizando llamadas telefónicas es útil tener cerca un reloj que le ayude a ser eficiente con el tiempo empleado en cada llamada, le motiva a ser breve, conciso y además permita terminar oportunamente el tiempo que ha programado para esta tarea. Esta buena costumbre será reconocida por las personas a quien ha llamado y sentirán agrado que los asuntos tratados se desarrollaron en forma rápida, ágil y puntualmente.

Afortunadamente los equipos actuales tienen incorporados relojes y temporizadores que facilitan esta costumbre.

Comunicación telefónica o correo electrónico

El correo electrónico jamás reemplazara la interlocución entre personas. Limítese a enviar correos cuando quiera informar a los destinatarios, expresar opiniones, coordinar reuniones, etc., El nivel de diálogo y discusión constructiva alcanzado en conferencias telefónicas y reuniones personales permiten avanzar en el tema en pocos minutos lo que demoraría eternidades por escrito o por correo electrónico.

Correo Electrónico

El crecimiento desbordado del correo electrónico

La utilización del correo electrónico ha crecido desbordadamente. Por ello la importancia de un adecuado, eficiente y efectivo manejo de esta herramienta. Analice con detenimiento lo que va a enviar. No continué inundando el ciberespacio con mensajes encadenados que prometen fortunas instantáneas, salvación espiritual inmediata, fuentes de eterna juventud o noticias falsas. Enfoque la utilización del correo electrónico en obtener ventajas de espacio, tiempo, rapidez y universalidad. No permita que esta herramienta se convierta en el ladrón más grande de su tiempo.

Consejos prácticos en el uso del Correo Electrónico

- Fortalezca sus mensajes redactando de tal forma que cada palabra empleada llevé su propio mensaje.
- No olvide las tres c's que deben imperar en la comunicación; concisa, clara y concluyente.
- Utilice las herramientas practicas y disponibles en sus programas de correo electrónico como la de solicitar confirmación del mensaje enviado y de seguimiento.
- Acostúmbrese a establecer fecha límite para realizar la tarea objeto del mensaje o recibir contestación al asunto tratado.
- Limítese a escribir un mensaje por tema.

Sea preciso en la redacción del encabezamiento del asunto

Cuando termine de redactar el mensaje que desea enviar sea lo más preciso posible con la redacción del encabezamiento. No utilice términos imprecisos como **Para su información, Urgente, Saludo, etc.**, en vez coloque la fecha máxima cuando quiera que le contesten el mensaje o la acción que requiere usted se realice o parte del contenido del mensaje que precise lo que quiere transmitir.

Un tema o referencia por mensaje

Es más práctico y útil enviar mensajes independientes por temas o referencia. De esta forma el receptor los leerá más rápidamente y evacuará según su prioridad e importancia. En caso de requerir su archivo para futura referencia será más fácil guardar únicamente lo pertinente sin tener que haber archivado un largo texto de variados temas.

Lea y corrija antes de enviar

Las herramientas que traen las aplicaciones de los procesadores de texto son importantes y deben ser utilizadas. Una de ellas es la correctora automática de ortografía y gramática. Igualmente, los diccionarios integrados en nuestros programas son una valiosa herramienta para emplear sinónimos y enriquecer el vocabulario en nuestros mensajes. Utilice estas herramientas en la revisión y corrección de sus mensajes, cartas, documentos, etc., antes de ser enviados o impresos. No olvide revisar el texto final. A veces los correctores automáticos cometen equivocaciones y hacen quedar mal a quien envía el mensaje. Esta recomendación es aplicable a los programas de mensajería instantánea.

Sea cauteloso y metódico antes de enviar un mensaje.

Para evitar enviar un mensaje sin corregir o sin los adjuntos, un sabio y práctico consejo es introducir la dirección del destinatario como último paso después de haber revisado cautelosa y metódicamente el texto y la información adicional que va a enviar.

No todo conviene ser enviado por correo electrónico

Aunque el correo electrónico, la mensajería instantánea y chats ha facilitado los canales de comunicación del mundo contemporáneo, el contacto y la comunicación personal seguirán siendo la forma más eficiente para el manejo de relaciones interpersonales. Nunca intente tratar asuntos de sensibilidad e impacto laboral o emocional a través de la utilización del correo electrónico.

Correo electrónico o casillero de voz

Cuando realice una llamada telefónica y entre al casillero de voz de la persona marcada piense que a veces la facilidad del correo electrónico le permite enviar mensajes más completos que las razones que puede dejar telefónicamente. Considere esta alternativa y si es del caso anuncie que le estará enviando un mensaje a su correo electrónico con mayor precisión para cuando le devuelva la llamada puedan tener mayor información disponible sobre el asunto a tratar.

Fomente la utilización del correo electrónico

Es más fácil administrar sus bandejas de correo electrónico que los mensajes encontrados en su casillero de voz. Cuando se encuentre escuchando mensajes de su casillero telefónico algunos temas pueden ser contestados utilizando el correo electrónico o mensajería instantánea. No solamente permitirá dejar un registro del asunto tratado, sino que puede utilizar las herramientas de seguimiento y control para cumplir en el tiempo la tarea referida.

Utilización practica de su programa de contactos

Los programas de registro de contactos disponibles tanto en agendas digitales como en sus computadores contienen unos formatos pre-establecidos que archivan toda la información correspondiente a números telefónicos, direcciones de correspondencia, de oficina, de hogar, fechas de cumpleaños, nombres de hijos, esposa, asistentes, etc., Independientemente de la plataforma utilizada, la recomendación es busca tutoriales que ayuden a navegar fácilmente en su respectivo programa.

Mantenga por lo menos dos direcciones de correo electrónico

Con el uso cotidiano del correo electrónico es muy práctico tener dos direcciones activas, una para la correspondencia relacionada con los asuntos prioritarios, laborales y otra para ser utilizada en cuestiones personales, familiares o de baja prioridad.

Revise la bandeja de correo entrante antes de abrir los mensajes

Antes de iniciar la sesión de lectura y respuesta de su correo electrónico habitúese a revisar y leer el asunto referido de los mensajes recibidos en la bandeja de correo entrante. Mediante esta práctica se da cuenta rápidamente de la prioridad de la correspondencia recibida. Con el fin de evitar perdida de tiempo abra todos aquellos recibidos de la misma persona antes de responder, pues frecuentemente los mensajes son duplicados o en los segundos mensajes se adjuntan anexos que por error involuntario fueron omitidos en los primeros mensajes.

¿Cuándo se debe revisar el correo electrónico?

El correo electrónico y mensajería instantánea se han convertido en herramientas fundamental de comunicación. Sin embargo, pueden transformarse en distractores permanentes y ladrones de tiempo. Separe un tiempo en el día para su revisión metódica. Lo aconsejable es revisar, leer y contestar dos veces al día, al inicio de la mañana y al inicio de la tarde. El resto del día y mientras trabaje en su computador desconecte el acceso al correo electrónico entrante, apague las alarmas y siga laborando tranquilamente. Si alguien desea consultarlo para un asunto de urgencia, seguramente le llamara telefónicamente.

Confirme automáticamente el recibo de sus mensajes enviados

Existe la posibilidad en la mayoría de los programas de administración de correos electrónicos solicitar confirmación del mensaje enviado. Mediante la utilización de esta herramienta asegura usted que lo enviado fue recibido.

Evite el envió de adjuntos

Se ha vuelto rutinario rechazar y suprimir aquellos mensajes recibidos que contienen adjuntos por temor a ser infectado por algún tipo de virus informático. Por esta razón es aconsejable copiar y pegar los documentos al interior del mensaje enviado. No solamente es más práctico sino más rápido para su lectura.

Analicé y evalué el contenido de los boletines

La facilidad del correo electrónico nos permite suscribirnos gratuitamente a un sinnúmero de publicaciones, boletines y envíos que contienen información valiosa y actualizada. Analice y evalué permanentemente el contenido de los mismos y descarte aquellos que consideran no aportan valor agregado. Invierta unos pocos segundos en tramitar su desafiliación. Este paso es más sencillo y práctico que estar suprimiendo permanentemente correos, mensajes y publicaciones recibidas. Una suscripción no debe tomarse como un compromiso permanentemente e inquebrantable.

No corresponda infinitamente agradecimientos recibidos

Cuando ha recibido un reconocimiento no continué agradeciendo, pues se convertirá en interminable correspondencia de agradecimientos. Active y utilice la herramienta de confirmación de lectura disponible en Outlook Express. Para activar esta característica en el programa Outlook, seleccione **Opciones** en el menú **Herramientas**, en **Opciones de Correo Electrónico** de la carpeta **Preferencias**, seleccione **Opciones de Seguimiento** y marque la opción de solicitud de **Confirmación de Lectura**.

Una rutina para no olvidar enviar los adjuntos

Una rutina sencilla y práctica para no olvidar enviar los adjuntos es realizar la acción de insertar el archivo antes de escribir el mensaje. Con esto evitará tener que reenviar el mensaje o recibir la contestación a su mensaje que no fue recibido el archivo adjunto anunciado.

Evite imprimir información recibida

La facilidad de archivar y reenviar información permite evitar la impresión de lo recibido. Simplemente revise la información, corríjala, agréguele comentarios, reenvíela y archive esta versión en sus carpetas del disco duro. Mediante esta práctica aprenderá que el mundo virtual permite olvidarnos de la necesidad de tener documentos en medio impreso convencional, que además requieren espacio y organización para su archivo.

Utilice la herramienta de seguimiento

En la mayoría de programas de correo electrónico se brinda la oportunidad de utilizar una herramienta de seguimiento. Para el caso del Outlook Express este seguimiento corresponde a la banderita que siempre aparece al margen de sus correos entrantes. Para activarla basta con darle clic derecho al botón del Mouse y en la ventana que se abre a continuación nuevamente dar clic de la izquierda sobre el título **Agregar Aviso . . .** y programar las instrucciones que usted considere pertinentes.

Habitúese a depurar permanente sus bandejas de correo

Realice permanentemente jornadas de limpieza y depuración de mensajes recibidos y enviados. No permita que sus bandejas se llenen y atiborren de información. Por lo menos una vez a la semana archive, descarte, borre y elimine aquellos que ya no requiere.

Organización del archivo

Organice sus contactos por categorías

Cuando reciba una tarjeta de presentación o dato de contacto a su móvil o correo, registre sus datos en su agenda de contactos y edite anotando la categoría del contacto, **ejemplo;** Abogado, Banquero, Cliente, Proveedor, Familia, Medico, Odontólogo, etc., La búsqueda de datos de contacto en las aplicaciones de móviles permite buscar por categoría. De esta manera cuando requiera algún contacto lo buscará y encontrará con mayor facilidad por categoría más que por nombre o apellido.

Mantenga un archivo de sus impresos

Cuando imprima algún catalogo, volante, folleto, formulario u otro elemento conserve un archivo de estos ejemplares y sobre ellos enumere y escriba los cambios que quisiera introducir en la próxima impresión. De esta forma cuando le corresponda imprimir nuevos elementos tendrá presente con facilidad y agilidad los ajustes o cambios requeridos para la nueva versión.

Archivadores

Permita suficiente espacio en los cajones de los archivadores para alojar más carpetas, no los llene de papeles.

Archivando

Archive siempre en estricto orden cronológico con los últimos documentos adelante. Implemente utilizar formatos en diferentes colores, por tema y sea consistente en su uso con el fin que todos puedan identificarlos.

Archivando y guardando en su computador

A medida la documentación que antes se manejaba en papel se digitaliza, es importante seguir algunos consejos prácticos.

- Separe documentos de familia de aquellos de su actividad profesional
- Utilice la disponibilidad de archivar en la nube, así podrá acceder desde cualquier lugar y cualquier dispositivo
- Igual que los archivos físicos, debe emplear carpetas de nombre genérico y amplio, y en ellas ampliar a carpetas mas especificas por tema.
- Es importante en el momento de guardar los documentos colocar fecha, esto servirá para anualmente hacer un barrido y guardar por nombre y año.
- No esta por demás tener un disco duro de respaldo, actualizando periódicamente sus archivos al mismo. Dependiendo del tamaño de información puede realizarse diaria, semanal o mensualmente.

Mantenga sus carpetas livianas

Registre fecha de vencimiento y posible eliminación de los documentos antes de archivarlos o guardarlos en su computador, de esta manera su eliminación se hará más fácil cuando vuelva a abrir la carpeta. Cuando busque información en una determinada carpeta tómese unos minutos para eliminar aquellos documentos registrados con fechas de vencimiento cumplidas.

Guarde las cosas

Utilice los últimos quince minutos de su jornada laboral para organizar su escritorio, archivar los documentos y guardar sus cosas. Antes de cerrar el computador asegúrese haber salvado, guardado y archivado sus documentos en las carpetas correspondientes-

No postergue la labor de archivar

Es más práctico y más fácil buscar documentos cuando se archiva inmediatamente en vez de dejarlos en carpetas de mensajes entrantes en su bandeja de correo electrónico.

Identifique sus libros

Una manera fácil y práctica de identificar sus libros por temas o materias es, al igual que las carpetas por colores, marcar su lomo con cintas multicolores. Rojo para negocios, azul para salud, verde para psicología, etc. Si se separan es fácil visualizarlos y organizarlos nuevamente.

No mantenga catálogos obsoletos

Cuando reciba un catalogo u oferta comercial con alguna fecha promocional, una vez cumplida la fecha, bote el documento o elimine la información en sus archivos digitales.

Tenga las carpetas más utilizadas cerca del sitio de trabajo

Las carpetas que con mayor frecuencia utiliza son las que con más facilidad y accesibilidad debe tener cerca. No necesariamente deben mantenerse ocultas. Las de uso diario deben estar al lado de su escritorio. Las de uso semanal detrás de su sitio de trabajo. Las de referencia mensual en archivadores cercanos y las demás en lugares comunes.

Depuración Anual

Aunque permanentemente este depurando y limpiando sus archivos, estos continuarán creciendo. Comprométase a revisar y depurar tanto sus archivos físicos como los grabados en su computador al menos cada tres meses, descartando, borrando y eliminando aquellos que ya no requiere.

Evite enviar copias innecesariamente

Aproveche el inicio del año para preguntar e indagar si la correspondencia que envía periódicamente presta beneficio a sus destinatarios. Haga lo mismo con sus listas de envió de correo electrónico. Diseñe un simple formato desprendible en el caso de las copias físicas o un texto de correo indicando la respuesta requerida. Si no recibe de vuelta contestación alguna es porque nunca leyeron el mensaje o simplemente no les interesa el tema. Suprima esa persona de su lista de correos y evitará seguir enviando correspondencia innecesariamente.

Organice y almacene los CD y DVD

Sí aun tiene sistemas de CD o DVD, en el comercio se encuentran disponibles varios sistemas de almacenamiento. Personalmente utilizo carpetas anilladas porta cds y disquetes que ocupan menos espacio en la biblioteca. En una carpeta archivo todos los utilitarios que contienen los sistemas operativos de los dispositivos electrónicos como cámara digital, escáner, pc de bolsillo, impresora, etc., organización que me permite fácilmente acceder a ellos en caso de requerir su reinstalación. En otra carpeta los recibidos en conferencias atendidas, en otra carpeta información recibida en medio magnético o en memorias usb, etc., Como están debidamente indexados es muy útil cuando me dispongo a buscar alguno de ellos.

Cuando han sido bajados al computador programas, lleve un registro con el nombre del archivo y su ubicación en el disco duro del computador. Así evitará dispendiosas búsquedas en todo el sistema operativo de su computador.

Limpie y evacue permanentemente sus archivos digitales

Al igual que los archivos físicos acostumbrase a limpiar y evacuar sus archivos digitales permanentemente. Aquellos que considere no utilizará nuevamente deben ir a la papelera de reciclaje. Entre más documentos archivados tenga en su computador más difícil le será encontrarlos, gastando tiempo en su búsqueda, pese a las nuevas herramientas de búsqueda disponibles en el mercado. [2] Habitúese en suprimir documentos cada vez que vaya a apagar su equipo.

---

[2] La Búsqueda en el escritorio de Windows o Mac es la forma más rápida de buscar cualquier cosa en su equipo (archivos, documentos, música y mensajes de correo electrónico) tan fácilmente como cuando se realiza búsquedas en la Web.

Trabajando desde casa

El año 2020, azotado por la pandemia del "Corona Virus", fue esencial cambiar el lugar de trabajo de oficina a la casa. Cientos de miles de empresas, por salud de sus empleados, tomaron la decisión de obligar el trabajo remotamente. Las plataformas tecnológicas de reuniones virtuales se convirtieron en elementos comunes. La frecuencia de internet, sea a través del operador o mediante dispositivos de amplificación fue robustecida. La facilidad de incorporar la señal del celular al computador permitió tener en un solo sitio comunicación visual y auditiva.

La tendencia global de trabajar desde casa ha sido bienvenida. Las ventajas superan las desventajas. Eliminación de largos tiempos de traslado y evitar congestiones vehiculares, especialmente en grandes urbes, tener mas tiempo disponible con la familia, comodidad de vestuario, flexibilidad de horarios, especialmente para quienes laboran con grupos de trabajo en diferentes zonas horarias, son algunos de los beneficios. Por otro lado, el hecho de no tener espacios adecuados en casa, y en especial cuando todo el núcleo familiar trabaja o estudia en el hogar, es el gran trastorno del modelo, adicionado a la baja velocidad de la señal de internet. A medida que el tiempo se fue prolongando, las empresas iniciaron procesos de reconocimiento de algunos costos adicionales del nuevo lugar de trabajo en casa. La flexibilidad de horario también ha tenido su costo, irrespetando horas nocturnas y fines de semana. No obstante, los resultados son positivos y este modelo combinado con la presencialidad, que algunos han bautizado hibrido, se quedará con nosotros.

¿Sabia usted que trabajar desde la casa pueden ser hasta un 50% más productivo que trabajar en un ambiente formal de oficina? La razón básicamente consiste en menos distracciones de sus colegas, menos preocupaciones por las intrigas propias del ambiente laboral y lo comentando anteriormente del desplazamiento.

Consejos para el Hogar

Directorio de compañeros de estudio de sus hijos

Mantenga un directorio debidamente actualizado de los compañeros de estudio de sus hijos. Aproveche incluir en este directorio además de sus teléfonos, fechas de nacimiento, nombre de los padres, direcciones de residencia, trabajo y electrónicas. Este directorio le será muy útil cuando quiera programar una reunión de amigos de colegio. A medida van creciendo, independizando y entran en la etapa de fiestas juveniles, el directorio se convierte en herramienta útil.

Destine sitios específicos para sus accesorios de uso diario

Acostúmbrese a destinar sitios específicos donde guardar sus accesorios de uso diario como anteojos, llaves, tapabocas, estilógrafos, etc. En el comercio se consiguen muebles diseñados especialmente para colgar llaves o bandejas para colocar anteojos, estilógrafos y otros elementos de uso diario. Habitúese en dejar en el mismo sitio un determinado elemento y jamás volverá a preocuparse por objetos olvidados.

Pagos mensuales

Agende y lleve un registro y recordatorio de los pagos mensuales que debe realizar. Cuando le llegue el recibo o factura de algún servicio, tarjeta de crédito o pago mensual anótelo en su agenda con días de anticipación evitando pasarse de la fecha limite de pago. Si los pagos son mensuales y recurrentes puede programar en su agenda recordatorios automáticos para los próximos doce meses. Los débitos automáticos con cargo a cuentas o tarjetas de crédito son una forma de automatizar los pagos mensuales recurrentes.

Pagos anuales

Las agendas disponibles en las plataformas actuales permiten agendar compromisos a varios meses y años a futuro. Las anualidades de pagos de seguros, impuestos, servicios de red e informática usualmente son avisados con días de anticipación. Sin embargo, con el fin de apropiar los recursos requeridos para las fechas de los vencimientos, y antes de anotar el vencimiento del año próximo, sitúese en la agenda unos meses o días previos. A titulo de recordatorio anote el compromiso, valor y fecha. Mediante esta tarea asegura cumplir con las fechas. Ciertos proveedores ofrecen descuentos por pronto pago o pago anticipado, si es así, igualmente anote este hecho. Puede representar un ahorro interesante.

Aproveche los servicios tecnológicos ofrecidos por el sistema financiero

Uno de los puntales de crecimiento del sector financiero es la banca personal. El avance tecnológico ofrece múltiples servicios que evitan que el usuario tenga que ir hasta la oficina bancaria para realizar pagos. Se pueden hacer una gran mayoría de transacciones, pagos, transferencias entre cuentas, a terceros y compras desde la comodidad de su computador. Investigue los servicios ofrecidos por la institución financiera con la cual trabaja y aprovéchelos a su favor ganando el tiempo que antes empleaba en largas filas para hacer pagos.

Prepárese para el día siguiente

Prepárese para la mañana siguiente la noche anterior dejando lista la mesa para el desayuno, seleccionando la ropa que va a usar ese día, preparando el maletín de mano, etc.,

Delegue responsabilidades a todos los miembros de la familia

Responsabilice a cada persona en su familia incluyendo a sus hijos para que ellos también colaboren con las tareas rutinarias del hogar como lavar platos, recoger ropa sucia, acomodar y guardar ropa limpia en sus guardarropas, etc.,

Consejo para los niños en edad escolar

Cerca de la puerta de salida coloque una lista de chequeo con los artículos que deben llevar los hijos al colegio todos los días. Por ejemplo, libros, lonchera, tareas, agendas, mesada diaria, uniformes deportivos, etc. Motívelos para que alisten sus cosas la noche anterior y no antes del último minuto de la salida al colegio.

Organice las cosas de su casa

Cuando establezca que un determinado cajón, repisa u otro espacio será utilizado para guardar ciertos y determinados artículos, como bombillos, herramientas, baterías, artículos deportivos, medicinas o vitaminas no guarde otras cosas diferentes a esas. Un lugar apropiado para todo hace más fácil encontrarlas después.

Organice su ropa

Si los complementos de los vestidos se encuentran extendidos por todo el guardarropa colóqueles un distintivo a sus ganchos para que al colgar la ropa estos estén totalmente agrupados. Cuelgue las camisas o blusas por color, igual que los pantalones, faldas y organice las medias de igual forma. Al buscar la ropa que se va a poner encontrará con mayor facilidad las combinaciones en su armario.

Cuidado con lo que llevas a casa

Algunas personas llevan a su casa preocupaciones, frustraciones, estrés, acompañados de un maletín lleno de papeles. Salga a caminar, métase en la piscina, tómese una ducha o haga cualquier cosa para desconectarse y hacer esa importante transición entre el trabajo y el hogar. Aproveche la tecnología de transmisión por televisión, grabando programas o haciendo lista de presentaciones de contenido agradable, cómico, documental o investigativo.

Deje el trabajo en el trabajo

Desconéctese del trabajo. No lleve material para trabajar en casa. Aproveche mejor el tiempo en su lugar de trabajo. Si es indispensable realizar una labor llevada a casa, desconecte el timbre de su teléfono y permita que el casillero de voz reciba los mensajes. Apague el computador y solicite no ser interrumpido para realizar concentradamente una labor que ocasionalmente ha llevado a casa.

Tiempo en familia durante la cena

Una disertación de la Universidad de Michigan en Estados Unidos concluyó que el hecho de compartir juntos en familia durante la cena era la mejor forma de augurar altos niveles de notas escolares, menores problemas emocionales y disciplinarios entre los niños estudiados.

Planifica los fines de semana

Aproveche y disfrute al máximo la vida en familia mejorando la calidad de vida de todos sus integrantes. Para un mayor enfoque familiar organiza tu fin de semana alrededor de ellos – las actividades deportivas de tus hijos, salir a cine todos en familia, almorzar o comer juntos en el restaurante preferido de los hijos, etc. Adicionalmente, prepare una lista de las diligencias y tareas hogareñas que quieres realizar en tu tiempo libre.

Planificar los asuntos del hogar

Las actividades del hogar, de la familia y de sus vecinos y amigos también merecen ser planificadas para evitar conflictos de horarios con otras actividades. Es importante programar y revisar con su pareja e hijos las actividades semanales y anotarlas en su agenda. Aproveche y disponga de tiempo adicional con posterioridad a estas actividades para disfrutar en familia o en pareja actividades simples y sencillas pero ricas en calidad de vida.

Mantenimiento Preventivo

En su libro *"Des-estrese su vida",* la autora Helen Volk sugiere hacer mantenimiento preventivo y permanente al desorden para que este nunca se le salga de sus manos y le tome ventaja. Por ejemplo, sugiere, invertir quince minutos todas las tardes o noches recogiendo aquellos artículos dejados en lugares inapropiados y colocándolos en su sitio determinado.

Mantenimiento vehicular

El fabricante de vehículos aconseja cambios rutinarios de elementos comunes como aceites, batería, refrigerantes, limpia parabrisas, llantas. Algunas autoridades de transito exigen revisiones mecánicas periódicas. Inclusive las compañías de seguros pueden solicitar inspección al vehículo asegurado. Lleve un registro de fechas, kilometraje y valores de los mantenimientos realizados. Anote la próxima revisión, con su costo estimado y sea previsivo presupuestando tanto tiempo como recursos. Llevar un historial permitirá que no le sorprenda una varada innecesaria. En el momento decida cambiar, el comprador apreciará el buen mantenimiento realizado y seguramente podrá generar un valor agregado al precio de venta.

Mantenimiento de equipos y electrodomésticos

Con la misma rigurosidad con el mantenimiento vehicular haga lo mismo con sus equipos de aire acondicionado, calefacción, nevera, congelador, bombas de agua, sistemas de luminarias exterior, hornos y electrodomésticos. Igual que con su vehículo lleve registros con fechas y programación de próximas revisiones.

La nevera también debe estar organizada

Organice su nevera de tal manera que todos los diferentes tipos de alimentos estén agrupados utilizando para ello los compartimientos previamente diseñados por el fabricante de los equipos, como cajones o recipientes para verduras, frutas, lácteos, carnes, gaseosas, etc., De esta manera será siempre más fácil encontrar lo que esta buscando.

Una sola llave

Si en casa tienes diferentes llaves y chapas para la entrada principal, la puerta trasera, el depósito, etc., solicítale a un cerrajero que unifique la mayor cantidad posible de llaves y chapas. Lo ideal es tener una llave maestra para tu casa.

Cerraduras de puertas inteligentes digitales

La tecnología disponible nos trae nuevos sistemas de cerraduras inteligentes. Con una baja inversión puedes cambiar la cerradura de la puerta principal a un novedoso sistema de huellas digitales dactilares adaptables a todos los residentes. Además de mayor seguridad, jamás tendrás que preocuparte por dejar llaves en el sitio equivocado.

Mantenga repuestos

Todos hemos experimentado la conveniencia de haber tenido una llanta de repuesto en nuestros automóviles cuando nos hemos pinchado. Igualmente debemos tener repuestos para muchos otros artículos como anteojos, llaves, materiales de presentación o cualquier otro elemento que nos pueda hacer perder tiempo cuando se nos hayan perdido.

Lentes de lectura y ver televisión

Un consejo practico es tener lentes o anteojos duplicados en sus lugares favoritos de lectura, al lado del computador o en el estudio del televisor. Aproveche aquellos que quiere descartar, y en vez de botarlos adecúelos a la formula requerida, dejándolos en sus sitios preferidos. No tendrá que estar buscando por toda parte sus anteojos.

Llaves de emergencia I

Mantenga un juego adicional de llaves de todo; de su automóvil, de su casa, de su oficina, de su casa de recreo, etc. y déjelas con un vecino o pariente cercano a quien no le importaría que lo contactaras a altas horas de la noche en caso de haber extraviado las originales.

Llaves de emergencia II

¿Cuantas veces no hubiera querido haber tenido otro juego de llaves para el automóvil de su esposa o que ella hubiera tenido un juego de llaves de su oficina? Disponga de un juego completo de sus llaves y otro de las de su esposa e intercámbienlas para asegurarse siempre alguien tenga un juego de llaves del otro.

Descarte, deseche y bote diariamente

De la misma manera que usted realiza actividades rutinarias cotidianamente, acostúmbrese a descartar y desechar diariamente alguna cosa, ya sea un juguete viejo, algún medicamento vencido, revistas, papeles, periódicos viejos, ropa que ya no usa o cualquier otro objeto. Si usted se habitúa a botar diariamente en poco tiempo su hogar lucirá más ordenado. Aproveche esta buena costumbre y hágala extensiva a su sitio de trabajo. No se olvide que la naturaleza humana nos acostumbra a acumular inútilmente muchas cosas.

Desorden en su hogar

El autor norteamericano Don Aslett afirmaba en un escrito que el desorden y acumulación de cosas innecesarias en el hogar utilizan el 50% del espacio disponible de una casa promedio norteamericana y esa ama de casa empleaba el 40% de su tiempo en tratar de organizar estos objetos. No nos dejemos llevar por el afán del comercio que promueve, impulsa y promociona artículos que no necesitamos.

Teléfonos en la habitación

La habitación principal debe ser un remanso para el descanso, la tranquilidad y la paz del hogar. Debe ser un lugar donde no se admitan interrupciones. Nuestros hogares deben tener algunas habitaciones, incluyendo la principal donde podamos disfrutar actividades pacíficamente sin el sonido de un teléfono. Los teléfonos celulares son la mayor molestia. La mayoría de nuevos dispositivos permiten aislar totalmente el sonido o la recepción de llamadas en horarios que usted programe, permitiendo llamadas entrantes de algunos, previamente programados, en caso de emergencia.

Prepárese para un trasteo

En el momento que tomé la decisión de cambiar de residencia por motivos personales o laborales inicié un proceso organizado para el trasteo. Empiece empacando aquellos objetos que no necesite en forma inmediata como el caso de libros, discos, adornos, etc., Escriba cuidadosamente por fuera de la caja la descripción de su contenido y donde estaban; si en una habitación, el estudio, la sala, etc. Empaque artículos pesados en cajas más pequeñas. Antes de trastearse envíe sus cortinas y tapetes a la lavandería y que sean entregados en su nueva dirección. Y no olvide botar, botar y botar.

Navidad

Compre los regalos para la navidad durante todo el año

Aproveche las ofertas y descuentos ofrecidos por el comercio en épocas de realización durante todo el año para comprar a buen precio los obsequios que entregará en navidad. De esta manera se asegurará en no pagar los precios de temporada.

Programe su tiempo para los detalles y mensajes navideños

Al igual que con suficiente anticipación usted programa su tiempo para la decoración e iluminación navideña de su hogar haga lo mismo con los detalles propios de la época. Empaque los detalles con suficiente anticipación y no olvide colocar una nota en su exterior detallando su contenido, que seguramente le ayudará a no equivocarse de destinatario.

Aproveche la tecnología creando una lista de distribución navideña. Diseñe su mensaje y disponga el envió de mensajes navideños programando su distribución unos días antes del 24, aprovechando las plataformas disponibles que permiten programar fecha de remisión. Personalice estos mensajes y cuando sea posible incluya una fotografía reciente de la familia. Este detalle es especialmente valorado por sus amistades que viven lejos.

Lleve un registro

Sí su actividad, cargo o profesión se distingue por ser gran receptora de detalles navideños, lleve un registro detallado del obsequio recibido y la persona que lo envió. Mediante este registro fácilmente podrá elaborar las notas de agradecimiento personalizadas haciendo referencia al objeto recibido.

Lleve un registro de regalos

Tenga una libreta o archivo digital para registrar los antojos que sus hijos y familia alguna vez le expresaron quisieran tener. Utilizando un fólder debidamente separado por hijo o familiar, anote los regalos entregados y los que quisiera obsequiar. Aproveche este registro para buscarlos cuando el comercio hace grandes realizaciones con excelentes precios. Anticípese a las festividades de fin de año y las fechas especiales de cumpleaños y aniversarios.

Seguimiento y acomodo post-navideño

Después de las festividades navideñas y previamente antes de comenzar a guardar los elementos propios de la época organice su acomodo. Revise que la iluminación y decoración navideña se encuentre en perfecto estado, de no ser así aproveche y repárelos antes de guardarlos. Marque numéricamente las piezas del árbol, así será más fácil armarlo el siguiente año. Igualmente rotule las cajas indicando el contenido y despídase de los elementos hasta el próximo año. No olvide que planificar previamente conduce a un efectivo manejo del tiempo.

Compras

Aproveche bien el tiempo de compras

Los modernos diseños de centros comerciales agradables, cómodos, convenientemente ubicados y con una amplia alternativa de almacenes, supermercados, tiendas, plazoletas de restaurantes, centros de entretenimiento, salas de cine, etc., han cambiado los hábitos de la población. La agradable arquitectura, atractiva iluminación de tiendas y excelente calidad de productos motivan emplear nuestro tiempo visitando y caminando plácidamente los centros comerciales. Al visitarlos es importante contar con una debida programación, planificada lista de compras y auto disciplina para reducir el derroche de tiempo y gastos innecesarios. Una vez terminada la jornada planificada de compras disfrute el tiempo mirando vitrinas sin ningún objetivo específico en mente.

Llevé una lista

Una de las causas de llenarse de artículos innecesarios e inútiles que solo ocupan espacio en la casa o en la oficina se debe a nuestra forma de salir de compras sin planificar la jornada. Antes de salir, escriba una lista de sus necesidades y llévela consigo para no desviarse innecesariamente en compras injustificadas.

Cuando elabore su lista de mercar acuérdese del recorrido del almacén

Cuando se encuentre elaborando la lista para mercar tenga en cuenta el recorrido del almacén que frecuenta. Será más sencillo encontrar las cosas a medida que va caminando por los pasillos e ir tachando lo que ha depositado en su carro. Cuando llegue a la caja registradora sáquelas ordenadamente para que sean empacadas organizadamente. Al llegar a casa introdúzcalas en su despensa en forma similar. La próxima vez que le corresponda elaborar la lista, encontrará que ha almacenado los objetos guardando una relación semejante al almacén y se le facilitará su labor de compras.

Consejo cuando salga de compras

Cuando salga de compras trate en lo posible de iniciar su recorrido adquiriendo aquellos artículos livianos de peso y de tamaño, dejando los más pesados y voluminosos para el final.

Antes de salir de compras

Antes de salir de compras, revise en los sitios web cerciorándose horarios de atención al público y promociones de los almacenes que va a visitar. De paso, consulte en el sitio si tienen lo que esta buscando y su precio.

Comercio electrónico y domicilios

El comercio electrónico ha crecido exponencialmente en los últimos años. El efecto de pandemia del 2020 catapultó la oferta y abrió un infinito abanico de nuevas oportunidades. Desde la comodidad del hogar, a cualquier hora y día, en esta ocasión, no solamente tradicionales productos de hogar, vestuario y libros, sino alimentos, se pueden adquirir y entregados a domicilio ágilmente. La logística obligó reemplazar apertura de nuevas tiendas y en su lugar bodegas tecnológicamente avanzadas, geográfica y estratégicamente ubicadas que permiten entregar con mayor rapidez y precisión.

Las recomendaciones de hábitos saludables para compras físicas son igualmente atribuibles a las compras a través de los canales de comercio electrónico.

Consejos prácticos para Viajeros

Disfrute sus vacaciones dejando atrás sus preocupaciones.

Cuando se acerca el tiempo de vacaciones disfrute plenamente ese tiempo dejando sus preocupaciones e inquietudes en su lugar de trabajo. No permita que ellas lo arrastren y lo anclen de nuevo a su rutina diaria de tensión y estrés. Desconéctese totalmente. Diviértase íntegramente en familia. Observará que regresará lleno de optimismo, energía y dinamismo para enfrentar los quehaceres normales de su trabajo y actividades rutinarias. Volver a recrear esos placenteros momentos lo harán sentir siempre renovado.

Listas de cosas por hacer

Antes de viajar, y cuando este haciendo planes, prepare tres listas de cosas previas por hacer. La primera lista debe detallar aquellas cosas que se deben realizar antes del viaje. La segunda debe especificar lo que se debe hacer a su regreso y la tercera los asuntos que puede delegar en amigos, vecinos, familiares, compañeros de trabajo, vigilantes o personal de aseo del conjunto residencial mientras se encuentre de viaje. (Regar el jardín, las plantas cuidar sus mascotas, cancelar sus cuentas, prender esporádicamente los vehículos, etc.) Es triste regresar y encontrar sus elementos en estado lamentable.

Una adecuada alimentación antes y durante el vuelo aéreo

Cuando haga su reservación aérea asegúrese preguntar sobre la alimentación que recibirá abordo. Muchos vuelos, especialmente las rutas domesticas en Estados Unidos, no suministran una adecuada comida, sustituida por un ligero refrigerio. De ser así disponga de un tiempo prudencial antes de abordar para comer una alimentación abundante en proteínas y almidones. Igualmente prevenga ingerir alimentos o comestibles ligeros con alto contenido de sal. Sustitúyalos con bebidas energizantes, oxigenadas o aguas minerales y lleve una botella plástica de agua consigo. En caso que el vuelo suministre comida y usted, por razones de salud, requiere algún menú especial, no dude en pedir dicho cambio que la mayoría de aerolíneas atienden dicha solicitud.

Aplicaciones tecnológicas útiles

Antes del viaje aproveche las plataformas tecnológicas de aplicaciones disponibles con las cuales puede investigar los lugares a visitar, hitos arquitectónicos y culturales, gastronomía, medios de transporte, costumbres, idioma, divisas, tasas de cambio, etc., Inclusive familiarícese con nociones básicas del idioma y utilice aplicaciones de traducción.

Las aerolíneas disponen de útiles y practicas aplicaciones que permiten reservar, asignar acomodación, entregar previamente pase de abordaje, revisar itinerarios y cumplimiento de horario de salida y llegada. Utilícela durante la etapa previa y durante el viaje.

¿Es usted viajero frecuente?

Si usted es viajero frecuente aproveche las oportunidades que le brindan las empresas vinculadas al sector como aerolíneas, hoteles, aeropuertos, arrendamientos de vehículos, etc. Casi todas tienen programas dedicados a viajeros frecuentes que además de ofrecer bonificaciones en especie por utilización de sus servicios le ahorran tiempo en la realización de actividades de búsqueda, reservas, registro y cancelación. Muchos programas ofrecen perfilamiento de usuario, en el cual puede precisar preferencias y necesidades personales, lo cual es útil cuando este realizando reservaciones. Inscríbete en los programas y disfruta el tiempo que ellos te liberan.

Documentos en regla

Aunque los pasaportes tienen vigencia de diez años, la mayoría de países han optado como regla exigir pasaportes tengan mínimo seis meses de vigencia. En caso sea esta la situación, con tiempo, solicite nuevo pasaporte.

Visas y vacunas

Si aun tienen vigencia las visas expedidas con antelación, lleve el pasaporte anterior donde están estampadas. Antes de viajar confirme si el país de destino exige visa, tarjeta de ingreso o vacunas especificas. (En el año 2020 de pandemia, muchos países receptores exigían prueba negativa de virus.)

Seguridad Aeroportuaria

Las medidas de seguridad implementadas en los aeropuertos internacionales deben ser tenidas en cuenta por los viajeros. No solamente debe disponer de tiempo adicional para el abordaje, sino que debe seleccionar previamente la ropa de viaje a utilizar para que esta no tenga botones, broches o cierres metálicos que activen las alarmas de los detectores de metales. Es práctico llevar una chaqueta o blazer para depositar en alguno de sus bolsillos todos los elementos metálicos como llaves y monedas y pasarla por la banda de equipaje de mano. Esto no solamente evitará el inconveniente de la activación de alarmas, sino que facilitará su paso por los puestos de seguridad. Tanto las aerolíneas, como las autoridades portuarias, ofrecen información detallada y actualizada de los protocolos y procedimientos. Estúdielos y compártalos en familia.

Aproveche el tiempo de espera en el aeropuerto

Cuando se encuentre en la sala de espera del aeropuerto ubíquese cerca de un toma corriente para que pueda conectar su portátil o dispositivo móvil y trabajar en el mientras llaman a abordar. La mayoría de aerolíneas y terminales ofrecen salas especiales para viajeros frecuentes. Aprovéchelas y utilícelas durante el tiempo de espera.

Tarjetas de Crédito para Viajeros

Es aconsejable destinar para sus vacaciones una determinada tarjeta de crédito. Debe tener un cupo adecuado, ser aceptada en la mayoría de establecimientos y la franquicia tenga oficina de representación en el país de destino. En caso de perdida o extravió de la tarjeta, fácilmente le será entregada una nueva sin problemas y no ha arriesgado perder las otras tarjetas que ha dejado en casa.

Pague algunos servicios anticipadamente

Trate de pagar anticipadamente, y antes de viajar, la mayor cantidad de gastos posibles tales como alojamiento, excursiones, porciones terrestres, etc. Entregue copia de los vales o cupones a sus acompañantes. Podrían ser útiles en caso de perdida.

Cinturones o carteras de viaje antibloqueo RFID

La mayoría de documentos, sean pasaportes y visas, de ultima generación disponen de dispositivos electrónicos y de biometría. Es recomendable llevar documentos de viaje, pasaportes, tarjetas de crédito y efectivo en cinturones o carteras de viaje que tengan protección y bloqueo RFID (Radio Frecuency Identification). Ellas protegen contra cualquier intento de ser leídas por inescrupulosos que pretenden robar y acceder a sus datos e información sensible.

Asistencia Médica para viajeros

La mayoría de emisores de tarjetas de crédito ofrecen planes de mucha utilidad en asistencia médica para viajeros cuando se es titular o cuando se han comprado tiquetes aéreos o paquetes vacacionales. Solicite la información correspondiente antes de viajar y lleve consigo tanto las direcciones de asistencia como la de clínicas, hospitales y puestos de salud que acepten este tipo de asistencia médica. Aproveche las ventajas de Internet para indagar sobre estos asuntos antes de viajar. Generalmente para acceder a servicios de asistencia medica debe cancelar la respectiva consulta o procedimiento, valores que posteriormente son reembolsados. Tenga esto en cuenta, manteniendo cupo en sus tarjetas de crédito para esta eventualidad. Ante una emergencia puede solicitar a su banco emisor extensión del crédito por esa única vez.

Investigue que ofrece el hotel donde se hospedará

Antes de viajar investigue, a través de su agencia de viajes, buscando en el sitio web del hotel o comunicándose telefónicamente y conocer que comodidades, accesorios, servicios o aparatos, voltaje de corriente eléctrica, ofrece el hotel donde se hospedará. Sí ofrece secador de cabello, plancha, cables para conexión de su computador, champú, etc., no se encarte llevando estos accesorios y en vez viaje más ligeramente de equipaje. Con las restricciones impuestas por las autoridades portuarias es de vital importancia viajar sin elementos que puedan ser decomisados. Aconsejable llevar un convertidor portátil de voltaje.

Servicios de lavandería

La mayoría de hoteles de cierto nivel ofrecen servicio de lavandería en seco. Sin embargo, el servicio generalmente es costoso. Pregunte al registrase, el lugar mas cercano de lavandería autoservicio de ropa. Planifique lavar su ropa antes de emprender la próxima etapa del viaje, así llegará con ropa limpia a su próximo destino, mientras averigua por la lavandería de ese lugar.

No olvide llevar sus tarjetas de presentación

Cuando salga de viaje no olvide llevar suficientes tarjetas de presentación. Nada más embarazoso que admitir que no tiene tarjetas cuando esta conociendo nuevas personas afines a su negocio, afición o pasatiempo. Mantenga en su maletín de viaje un paquete de tarjetas de presentación.

Consejo practico para convenciones y seminarios

Cuando asista a una convención, seminario o una feria comercial no olvide llevar sus tarjetas de presentación y aproveche la escarapela de identificación que le han entregado para guardarlas al interior donde las encontrará fácil y cómodamente.

Viajes Internacionales

Si usted es viajero internacional frecuente y su destino es habitual, mantenga siempre formatos tanto de inmigración como de aduanas en su maletín de manos previamente diligenciados. A veces las aerolíneas no los tienen disponibles y los debe diligenciar en el aeropuerto de llegada perdiendo tiempo innecesariamente.

Medicamentos esenciales

Antes de salir de viaje empaque en bolsas plásticas transparentes suficientes medicamentos esenciales que debe llevar como analgésicos, antiácidos, gotas para los ojos, cremas para su piel y prescripciones. Aconsejo llevar los medicamentos en su maletín de mano y no en las valijas aforadas evitando una demora en caso que no lleguen puntualmente con usted a su destino. Lleve consigo las formulas medicas para medicamentos prescritos. Es aconsejable llevar los medicamentos prescritos desde su país de origen con el fin de evitar confusión idiomática, diferencia en formulación de laboratorios farmacéuticos ordenada por las autoridades del país de destino.

Recordatorios en su casillero de voz

Antes de viajar y durante su ausencia utilice el casillero de voz o la función de grabación de su teléfono móvil, o grabe mensajes de voz en plataformas de mensajería instantánea, como receptor de recordatorios que surjan durante el viaje. A su regreso recupere los mensajes registrados, anótelos en su lista de asuntos o tareas por realizar, priorice los mismos e inicie su ejecución.

Fotografías

Los recuerdos registrados fotográficamente revivirán gratos momentos disfrutados durante sus viajes. Cuando considere es momento de cambiar su celular, indague sobre las bondades de las cámaras integradas y el nivel de sofisticación con el cual quiera tomar fotografías. Una vez comprado el equipo aproveche los tutoriales disponibles para aprender, gozar y conocer algunos trucos de capturar mejores fotografías. Amplié su memoria en la nube y permanentemente suba las fotos al archivo dispuesto. En caso de perdida del equipo o daño al mismo, no habrá perdido las fotografías tomadas.

En caso su afición fotográfica va mas allá y utiliza una cámara digital DSLR, debe hacer el inventario de accesorios quisiera llevar al viaje. Asegúrese los lentes y filtros sean de uso practico, las tarjetas de memoria dispongan suficiente capacidad, el cargador este operando correctamente, llevar mínimo dos baterías recargables y mantenerlas permanentemente cargadas.

Es importante todos los elementos puedan ser guardados cómodamente en el maletín para cámara y accesorios. Paños, toallas, bolsas de plásticos, sombrero, cepillos y sopladores de aire complementan los ítems de limpieza que todo fotógrafo debe llevar.

Al igual que la recomendación para equipos móviles, después de cada jornada suba a la nube los registros fotográficos, anotando lugares registrados. Active el modo de georreferenciación de la cámara para guardar la ubicación precisa de los registros.

Cuando regrese disponga de tiempo para retocar, archivar, deshacer o reenviar el registro fotográfico. Con el pasar del tiempo apreciará haber dispuesto de esta disciplina, reviviendo lugares, personas e imágenes captadas en sus viajes.

Es importante contar con almacenamiento de respaldo (back up) de sus registros y archivos fotográficos en dos o mas lugares, además de la nube. En caso de perdida o archivos borrados equivocadamente siempre tendrá copias adicionales debidamente guardadas y salvadas.

Después de un viaje de vacaciones

No programe citas ni reuniones externas durante los dos días siguientes a su regreso. Póngase al día en los asuntos de su trabajo antes de tomar decisiones. Cite a todos sus subalternos a una reunión de trabajo para que ellos lo pongan al día en todos los asuntos tratados durante su viaje. Antes de viajar, dé instrucciones a su asistente para que recorte, archive o guarde, sea física o digitalmente las crónicas y noticias de importancia relacionadas con su sector, empresa y comunidad para leerlas a su regreso. No obstante, la conectividad disponible globalmente, trate de que sea otra persona que lo haga y no usted. No olvide usted y su familia están de vacaciones.

Consejos Saludables

El tiempo dedicado a la salud es importante

Una de las mejores inversiones de su tiempo es el que se dedica a la salud. Una rutina diaria de ejercicios, citas medicas, odontológicas u oftalmológicas preventivas, buena dieta alimenticia y actitud positiva son elementos fundamentales para gozar de buena salud. Dedícale tiempo a estas actividades que con el pasar de los años notará la diferencia de haber invertido en su salud.

Chequeos Médicos

La mejor forma de prevenir enfermedades es realizando chequeos médicos preventivos rutinarios. La mayoría de clínicas y hospitales han diseñado programas de exámenes preventivos que no quitan más de un día laboral. Se recomienda practicárselo al menos una vez al año y aproveche el diagnostico para visitar a su medico de cabecera para que interprete su resultado y determine el paso a seguir.

Un saludable desayuno para iniciar el día

Un desayuno saludable para iniciar el día debe contener proteína y fibra. La proteína se obtiene de carnes, huevos, granos o soya. La fibra se encuentra en cereales integrales, cítricos y frutas. Trate de no consumir al desayuno cereales azucarados, siropes, mieles, pastelería, repostería o panes blancos. Estos últimos además de ser de fácil digestión, disparan los niveles de azúcar en el organismo y seguramente a media mañana sentirá fatiga y hambre. En cambio, la proteína y fibra espantarán el hambre. Si cree que no aguantará toda la mañana con la porción de un desayuno rico en fibra y proteínas puede consumir frutas o nueces un par de horas después.

Momentos de descanso

Nuestros días se llenan de un sinnúmero de situaciones que desencadenan en ansiedad, tensión y el mal contemporáneo; estrés. Estas situaciones ponen en juego nuestra salud atacando el sistema nervioso, incrementa los niveles de presión arterial y producen mareos, fatiga o dolores musculares. Busque intervalos en su rutina diaria para encontrar momentos de descanso, distensión y distracción. Combine una sana dieta alimenticia con una rutina diaria de ejercicios y actividades de relajamiento como meditación, oración, yoga, escuchar música o sonidos de la naturaleza.

La importancia del descanso en su jornada laboral

Recientes estudios han descubierto que síntomas de tensión crónica pueden desencadenar en enfermedades cardiovasculares o deterioro del ritmo cardiaco. Igualmente concluyen en manifestar que la ansiedad incrementa la tasa de mortalidad en adultos mayores. Esta situación, consecuencia de nuestra agitada vida contemporánea, puede contrarrestarse si se habitúa disponiendo de momentos de descanso durante su jornada laboral. Retírese momentáneamente de su escritorio, efectúe unos breves ejercicios de estiramiento acompañados de espacios de meditación y respire profundamente. Estos breves descansos con duración de diez minutos puede programarlos varias veces al día.

Siestas

Hasta hace unos años la siesta, común en países hispanoparlantes, era considerada practica de pereza, holgazanería y propio de países en desarrollo. Sin embargo, con fundamento en investigaciones científicas, la comunidad medica ha concluido que los beneficios superan el mito de vagancia era atribuido a esta sana costumbre.

Empresas están incluyendo en sus nuevos diseños, espacios acordes que permitan disfrutar de la saludable practica.

El trabajo en casa ha permitido su generalización en comodidad y holgura.

La música como terapia de relajación

La música sensibiliza su ritmo cardiaco y respiración. Cuando busque momentos de tranquilidad y relajación aprovéchelos escogiendo temas musicales que transmitan serenidad. La música clásica y aquella que contiene temas contemporáneos orquestados e instrumentales son una excelente alternativa. Busque un espacio en su agitada jornada para disfrutar de estos saludables momentos de paz y tranquilidad que le proporcionarán y llenaran de energía positiva.

Usar cómodos y livianos audífonos aíslan ruidos externos permitiendo mejor relajación.

La importancia de tener fotos cerca de su lugar de trabajo

Además de decorar su ambiente laboral, las fotografías de sus seres queridos siempre brindarán una sensación de tranquilidad y serenidad. Cuando atraviese uno de esos momentos estresantes del día, una mirada a esas fotos devolverá el ánimo para superar la dificultad momentánea y seguir adelante luchando con las demás actividades.

Los programas de protector de pantalla de los computadores aceptan sus álbumes fotográficos digitales. Son una excelente forma de tener cerca las evocaciones de excelentes momentos.

En el mercado hay alternativas de marcos de fotos digitales de rotación automática que permiten observar cientos de fotografías de sus álbumes familiares.

¿Durmiendo menos gano tiempo?

En 1910 en promedio dormíamos nueve horas diarias. Hacia 1975 este promedio se había reducido a 7.5 horas y desde comienzos del siglo XXI tan solo era de 6.9 horas. Como quiera que dormir va en relación directa con nuestra salud no es aconsejable bajo ningún punto sacrificar el tiempo de descanso en aras de ganar mayor disponibilidad de tiempo.

Somnolencia en el día

Sí durante el día siente somnolencia y bosteza permanentemente, no cometa el error de culpar este síntoma a sus hábitos de sueño. Posiblemente se deba a otro tipo de alarma de alguna enfermedad incipiente como diabetes, exceso de peso, síntomas depresivos o apnea. Existen dispositivos de presión de aire constante (CPAP) que evitan la apnea, síndrome de ronquido, ayudan a mejorar la calidad del sueño y consecuentemente la calidad de vida.

Para combatir la somnolencia o apnea consulte su medico y permita que el diagnostique con certeza el problema y la solución. No se auto recete con medicamentos para el sueño, cuando las causas pueden ser de otra índole.

La importancia de estar informado en temas de salud

Los avances en la investigación y desarrollo de temas relacionados con la salud son indispensables cuando se trata de conocer los alcances en su salud personal. Para mantenerse informado consultar con un especialista en nutrición y dieta es el primer paso para llevar una dieta personalizada, nutritiva, saludable y balanceada. La rutina de ejercicios individualizada debe igualmente ir acompañada de un seguimiento guiado por un especialista en acondicionamiento físico. Complementariamente manténgase actualizado leyendo artículos disponibles en Internet, revistas, libros especializados, viendo programas televisivos o asistiendo a conferencias sobre los temas que más le interesan.

Cuando el uso del celular no es saludable

Debe evitarse utilizar el teléfono celular o móvil cuando esta conduciendo su automóvil. Aunque no implica riesgo de accidente, igualmente habitúese en apagar el equipo móvil cuando llegue a casa. Es posible que las llamadas recibidas sean relacionadas con asuntos de trabajo y el tema tratado no pueda ser solucionado hasta el día siguiente o seguramente no disponga de información completa para tomar la decisión acertada. Esta interrupción en momentos de descanso nuevamente incrementara los niveles de ansiedad, preocupación, tensión y estrés con la consecuencia perdida de sueño y descanso merecido.

Maneja tus preocupaciones

Las preocupaciones inherentes a nuestro diario acontecer pueden ser responsables por el desarrollo de una enfermedad nerviosa crónica o altos niveles de estrés. Si bien es cierto no debemos olvidar y dejarlas a un lado, nuestra actitud frente a ellas debe ser proactiva exteriorizando la problemática entre subalternos, familiares o amigos que aporten en la búsqueda de soluciones. Mantener una actitud silenciosa e introvertida puede desencadenar en obsesión con lo cual se debilita su estado de salud. Procura en lo posible trabajar prioritariamente en su solución.

Quienes son resistentes al estrés

La mejor defensa para resistir los combates del estrés es una adecuada preparación y estado físico. Prepárese durmiendo tranquilo y serenamente todos los días, mantenga una actitud positiva permanentemente, combine una sana dieta alimenticia con rutina diaria de ejercicios disfrutando actividades de relajamiento como la meditación, oración, yoga, escuchar música o sonidos de la naturaleza.

¿Como ayudo a controlar mi nivel de estrés?

Las agitadas rutinas cotidianas en un mundo cada día más complejo hacen de nuestro diario vivir un escenario propicio para fomentar el estrés. Ofrecemos unos consejos prácticos para aliviar la ansiedad, aprender a manejar la angustia y encontrar momentos de tranquilidad.

- Permita que los afanados le pasen en carretera, igual llegaremos todos a nuestro destino
- Por una semana deje su reloj guardado en casa o en su defecto utilice uno de bolsillo para evitar la constante consulta de la hora. Evite buscar la hora en su móvil.
- Deje que sus subalternos trabajen a su ritmo sin su constante interrupción evidenciando su interés en que terminen rápidamente.
- Aun si se trabaja con algún plazo de fecha y hora de cierre específico, tómese unos breves momentos de descanso durante la jornada, levantándose del sitio de trabajo, caminando un poco, estirando su cuerpo y dejar descansar la vista brevemente cerrando los ojos. Después de este tiempo retomará el tema con nuevas energías y dinámica.

Alivie su nivel de estrés

Un consejo práctico para aliviar su nivel de estrés mental y emocional es involucrarse en actividades comunitarias o asociativas que no tengan relación alguna con su labor, profesión o trabajo cotidiano. Complemente esta actividad con realización de actividades deportivas o habitúese a realizar una rutina de treinta minutos de ejercicio diarios. Igualmente conversar animadamente con amigos sobre la problemática imponderable de asuntos mundiales, nacionales, locales o el devenir deportivo de sus equipos favoritos también ha sido tradicionalmente una excelente válvula de escape.

El tamaño de una ciudad es factor determinante en el nivel de estrés

Científicamente se ha comprobado que el tamaño de la ciudad es un factor determinante del nivel de estrés. Las ciudades capitales de América Latina se destacan por tener un mayor ritmo de vida. Se camina más rápido, se habla más expedito y se observa como las personas consultan más frecuentemente la hora del día. En contraste las ciudades más pequeñas llevan un ritmo de vida más suave, sosegado y tranquilo. Cuando este tomando una decisión en torno a cambio de sede, traslado, actividad o empleo investigue el nivel de estrés de la ciudad donde pretende radicarse.

Evite frustraciones

Sea consciente que la impaciencia genera síntomas de estrés y es contraproducente. Acepte aquellas cosas que no puede cambiar y haga mejor uso del tiempo evitando frustraciones. No olvide que mejores decisiones se toman cuando se piensa creativamente en situaciones de tranquilidad, paciencia y calma.

Conduzca relajada y tranquilamente

Cuando se encuentre en situaciones de tráfico pesado, trancones o lentitud, respire profundamente, sintonice su radio en emisora de música suave relajante y no se desespere ante el acaloramiento de los demás conductores. Conecte su celular al dispositivo del vehículo, realice llamadas, suspenda o aplace los compromisos apremiantes y urgentes, a los cuales no alcanza a cumplir. No olvide este mal contemporáneo es entendible y universal.

La importancia de los amigos

Disfrutar tiempo con amigos es gratificante. Se ha comprobado que divertirse y compartir actividades con amigos ayuda a mejorar los niveles de tensión arterial, reducir el estrés y estimula su bienestar personal. Con esta reflexión contacte sus amigos y disfruten juntos una salida a un restaurante, juego de cartas, ver una película, realizar alguna actividad deportiva o simplemente conversar animadamente tomando una buena taza de café.

Beneficio del chocolate negro

Unos pocos bocados de chocolate negro por día pueden tener el mismo beneficio de una aspirina en reducir la coagulación sanguínea y prevenir los infartos, indicaron investigadores en base a un estudio sobre amantes del chocolate indicó la doctora Diane Becker, profesora de la Escuela de Medicina Johns Hopkins. La ciencia sabe desde hace casi dos décadas que el chocolate negro es rico en flavonoides hace bajar la tensión arterial y tiene otros efectos benéficos sobre la circulación sanguínea.

"Comer un pequeño trozo de chocolate o beber un chocolate caliente en el marco de un régimen alimentario cotidiano es probablemente bueno para la salud mientras no se coma demasiado y, sobre todo, no se coma chocolate mezclado con manteca y azúcar", recomendó la médica. **Tomado de la Revista Portafolio COPYRIGHT © 2006 CASA EDITORIAL EL TIEMPO S.A.**

Tecnología

Retarde su entrada diaria al mundo de la informática

Es importante retardar su entrada al computador y por ende al mundo de la informática completando al menos una tarea prioritaria. Acordémonos que al entrar al mundo de la informática empezamos a navegar en el ciberespacio y nuestro tiempo se va en asuntos rutinarios como leer y contestar mensajes del casillero del correo electrónico, de mensajería instantánea, leer las publicaciones que recibimos electrónicamente, revisar nuestra agenda de compromisos, ejecutar la lista de asuntos por realizar, tomar el teléfono para escuchar mensajes recibidos en nuestro casillero de voz y devolver llamadas, etc. Quizás estas actividades, importantes pero triviales, nos impiden completar tareas prioritarias que nos llevan al cumplimiento de nuestras metas de largo plazo.

La oficina virtual

El rápido avance de la tecnología ha disminuido el tamaño y precio de los equipos electrónicos. A su vez integra, complementa y permite una mayor capacidad de almacenamiento de los múltiples servicios disponibles. La facilidad de la interconexión inalámbrica, el almacenamiento en la nube, inclusive para conectarse al ciberespacio de la Internet, permite que en un equipo portátil o en un simple dispositivo de memoria (USB) se transporte toda su oficina y parte de sus asuntos personales. Con esta innovación puede aprovechar el tiempo para avanzar en sus trabajos, proyectos y correspondencia cuando este ausente de su lugar habitual de trabajo. La oficina virtual es hoy una realidad.

Dispositivos de Memoria Portátiles

Si frecuentemente tienes que transferir información de un computador a otro, es decir de tu equipo de oficina a tu equipo en casa o a tu portátil considera la facilidad que ofrecen los dispositivos de memoria portátiles USB (Universal Serial Bus). Estos terminales están diseñados para poder ser insertadas en cualquiera de los puertos USB de los computadores modernos, incluyendo los PC de bolsillo o agendas electrónicas. Estos pequeños dispositivos que son del tamaño de un bolígrafo o un llavero tienen capacidad de memoria hasta 40 gigabits.

Air Drop y Nearby Sharing

En 2011, Apple introdujo el sistema de compartir y transferir datos entre diferentes dispositivos, computadores, tabletas y teléfonos móviles, conocido como Air Drop. Unos años después, Microsoft desarrollo una versión similar, Nearby Sharing. La ventaja de este servicio permite transferencia a través de Wi-Fi o Bluetooth, sin tener que usar correo o algún tipo de dispositivo de almacenamiento, entre equipos compatibles. Sencillamente coloca los dos dispositivos, origen y destino, a corta distancia y comparte la información requerida.

Recordatorios fuera de la oficina

Si se acuerda de algún asunto o tarea cuando se encuentra fuera de lo oficina, habitúese en aprovechar la tecnología de los sistemas de casillero de voz disponibles y deja el mensaje con el recordatorio respectivo.

Proteja su computador, sus programas y sus archivos

Con la facilidad de conectarnos permanentemente al ciberespacio vía cable modem o cualquier otra de las alternativas de conectividad inalámbrica es más factible la exposición de nuestros equipos a la enfermedad tecnológica de la informática, comúnmente llamados virus o ciberataque. La entrada de un virus a nuestro computador, no solamente arriesga con suprimir la información guardada en nuestros archivos, sino que consume nuestro tiempo en su recuperación. Con el fin de evitar esta tragedia invierta sabiamente en un programa anti-virus fácilmente adquirible a través de Internet y habitúese permanentemente en descargar actualizaciones.

Uso adecuado y eficiente de programas de informática

Diariamente se crean programas y aplicaciones de informática que prometen facilitar la labor de manejo de agenda, contactos, búsqueda de archivos y administración de correo. En vez de bajar apresuradamente estos programas y ensayarlos, lo aconsejable es entender y tratar de dominar aquellos que usa actualmente. Probablemente se dará cuenta que tan solo esta utilizando una parte del potencial de su programa actual y en realidad una excelente inversión de tiempo es mantener un adecuado programa permanente de aprendizaje, entrenamiento y formación.

Tutoriales

Aproveche el enorme potencial disponible en la web de infinidad de tutoriales, la gran mayoría en formato de video, que permiten facilitar la capacitación en tareas y entender el potencial de algunas plataformas de uso diario, como Microsoft Office, planificadores, aplicaciones, archivadores digitales, etc., Inclusive temas tan sencillos y útiles como limpieza de electrodomésticos, ordenar el hogar, recetas de cocina, etc.,

Aprendizaje tecnológico y virtual (Techliteracy)

El desarrollo de la tecnología ha introducido un nuevo concepto en el aprendizaje. La información disponible nos esta llegando a través de medios tecnológicos y por Internet. Aunque la educación convencional mantendrá un paralelo durante los próximos años, cada día observamos el incremento en la digitalización e interacción de la información. Revistas, periódicos, artículos, libros, enciclopedias, diccionarios, etc., se encuentran con mayor facilidad en el ciberespacio. Dediquemos un espacio diario en conocer las nuevas prácticas de aprendizaje tecnológico y virtual. La generación que viene poco conocerá de los métodos convencionales conocidos y empleados por nosotros.

Durante el año de pandemia, la virtualidad de la educación escolar y universitaria confirmaron el amanecer de una nueva generación tecnológicamente interconectada.

Videoconferencias

Desde hace muchos años la tecnología nos ha brindado la posibilidad de conectarnos, a través de conferencias multiusuarios conectados desde diferentes lugares, algunos distantes otros a pocos metros de nuestras oficinas, utilizando todos nuestros dispositivos fijos y móviles. Sin embargo, los años de pandemia convirtieron esta herramienta en una excelente oportunidad de mantener contactos. Fuimos unos pasos adelante ofreciendo, a través de la plataforma, charlas, bautizadas webinar, reuniones familiares, conciertos, y quizás lo mas importante tele consultas medicas. A la plataforma mas común, Zoom, se unieron Google Meet y Microsoft Teams. Cada una con algunas ventajas y diferencias. Utilizarlas es tan sencillo como realizar una llamada telefónica.

Ventas

Utilice su tiempo de ventas sabiamente

Antes de iniciar una venta califique previamente su prospecto, confirme con anterioridad la cita, prepare su presentación anticipadamente y conduzca durante la reunión comercial la conversación a la esencia de su actividad, el cierre.

Planifique su jornada comercial

Invierta un espacio prudencial diariamente en la planificación del tiempo que dedicará a sus visitas, la ruta del recorrido, los tiempos muertos y anótelos en su agenda. Aproveche el tiempo de espera positivamente programando nuevas citas, haciendo seguimiento a sus clientes y devolviendo llamadas.

Consejo para el ejecutivo comercial

Cuando solicite una cita comercial especifique cuanto tiempo tomará en realizar su presentación. Este respetuoso detalle transmite la importancia que significa para usted la buena administración del tiempo. Cuando usted anuncia que su exposición solamente durará diez minutos esta expresando que aprecia el tiempo de su prospecto y sí existe interés por su producto solicitarán ampliación de su presentación. En el mundo contemporáneo donde es tan importante respetar el agitado tiempo de los demás, a buen entendedor pocas palabras.

Aproveche positivamente el tiempo de espera

Sí su prospecto no lo atiende puntualmente o usted tiene la buena costumbre de llegar antes de la hora prevista, cargue en su maletín material que le permita trabajar, leer, revisar o programar asuntos relacionados con su actividad comercial. Con la facilidad de llevar en sus dispositivos información y datos, también acuda a ellos, durante la espera No permita que el tiempo de espera se desperdicie en lectura de revistas obsoletas que encuentra en la sala de espera. Siempre este preparado para esta común eventualidad.

Incremente el tiempo dedicado a ventas

Si su labor principal son actividades comerciales con énfasis en ventas dedique mayor tiempo en citas y entrevistas con sus clientes o prospectos. Un incremento en la programación de tiempo dedicado al trabajo de ventas se traduce en un aumento de cierres comerciales.

Tenga cuidado con clientes, ladrones de su tiempo

Algunos clientes requieren más de su tiempo que otros. Una regla de oro es dedicarle el tiempo justo a aquellos más productivos teniendo cuidado con aquellos clientes, ladrones del tiempo, que le quitan instantes preciosos que pudiera dedicar a ventas efectivas. Organice sus clientes por nivel de productividad más que por dedicación de tiempo, simpatía o amistad.

Ladrones del tiempo del vendedor

La próxima vez que se queje por el poco tiempo disponible para su actividad comercial y de ventas revise que estos ladrones del tiempo no le estén robando tiempo.

- ¿Permanece demasiado tiempo en su oficina?
- ¿Esta calificando previamente sus prospectos?
- ¿No lleva una memoria descriptiva de los resultados de las entrevistas telefónicas y personales con sus prospectos?
- ¿No planifica bien sus desplazamientos y recorre la zona desordenadamente malgastando el tiempo en recorridos entre cita y cita?

Limite el tiempo de espera

Cuando programe sus citas tenga en cuenta un tiempo prudencial de espera. Después de haber sido anunciado póngase un limite en el tiempo de espera antes de ser atendido. Si se pasa este tiempo solicite nuevamente otra cita sugiriendo un horario en el cual pueda ser atendido más puntualmente. Un consejo es solicitar al inicio de la jornada laboral de su cliente antes que se ocupe en otras actividades y cuando quizás mayor receptividad encuentra. Haga énfasis en el respeto mutuo del tiempo. Este consejo es aplicable a las citas médicas, las cuales debe solicitar igualmente a primeras horas, antes que el agite diario comprometa la agenda médica y atrase toda su jornada.

Constancia y perseverancia

Estos son los pilares fundamentales de una organización y en especial del ejecutivo comercial. El autor Hank Trisler, registraba en uno de sus libros de la serie, **No Bull Selling (1983-2009),** que el 92% de los asesores comerciales declinaban después de recibir cuatro expresiones negativas. Sin embargo anotaba que el 60% de los compradores objetan igual numero de veces antes de decidir la compra. Si empleamos una simple regla de tres obtenemos que el 8% restante que perseveran en su intento reciben negocios de ese 60% de universo de compradores. Ser perseverante y constante comercialmente asegurará una carrera exitosa.

Pequeños detalles son primordiales en la labor comercial

El contacto permanente con sus prospectos y clientes actuales es fundamental en la labor comercial. Sea detallista anotando en sus registros fechas especiales, los nombres de su esposa e hijos y pregunte por ellos cuando los contacte. Envíe notas de felicitación en fechas importantes como aniversarios y cumpleaños. Una llamada telefónica expresando solidaridad en momentos difíciles será altamente recordada y agradecida. Aproveche la facilidad que nos brinda la tecnología para mantenerse en contacto a través del correo electrónico o mensajería instantánea.

Tarjetas de presentación

Cuando ordene la impresión de sus tarjetas solicite que su diseño sea sencillo y claro. Si su empresa no es reconocida, una descripción o mención a su negocio principal facilita su identificación. Es muy importante que las letras y en especial los números de teléfonos sean de buen tamaño para no tener dificultad en su lectura y no olvide detallar el número de su extensión, lo que facilita su comunicación especialmente en aquellos casos donde el contestador de la empresa es automático.

Sí su empresa desarrolla negocios internacionales se puede duplicar la información al dorso de la tarjeta, preferiblemente en Ingles, o en su defecto el idioma del país donde realiza actividades comerciales.

¿Cuándo es el momento de entregar sus tarjetas de presentación?

Cuando atienda una cita o entrevista probablemente su nombre ha sido anotado en la agenda de su entrevistador y por lo tanto se sabe quien es usted, donde trabaja y cual es el motivo de la cita. Sin embargo, el mejor momento para entregar su tarjeta de presentación es antes de finalizar la reunión con el fin que pueda anotarse en la misma cualquier dato adicional que sirva de seguimiento al tema tratado y además dejar toda la información contenida en la misma como direcciones, teléfonos, cargo, etc.,

Citas a Tiempo

"Siempre mantengamos en mente que nuestra decisión de triunfar es más importante que cualquier otra cosa". **Abraham Lincoln**

"El arte de amar... es mayormente el arte de perseverar." **Albert Ellis**

"Lo malo de lo bueno es que pasa y lo bueno de lo malo es que pasa." **Anamaria Rabatté y Cervi**

"El futuro pertenece al que cree en la belleza de sus sueños y se atreve a actuar inteligente y persistentemente en el presente" **Anónimo**

"Dime y olvidaré; muéstrame y recordaré; particípame y entenderé." **Anónimo**

"Los únicos goces puros y sin mezcla de tristeza que le han sido dados al hombre son los goces de familia." **B. Gracián**

"La habilidad para disciplinarnos a nosotros mismos a retrasar la gratificación a corto plazo para disfrutar recompensas mayores a largo plazo es un prerrequisito indispensable para el éxito." **Brian Tracy**

"La felicidad es el término medio entre "muy poco" y "demasiado" **Ch. Pollock**

"Mi mayor interés esta en el futuro, porque ahí pasaré el resto de mi vida." **Charles F. Kettering**

"Lo más emocionante del futuro es que podemos darle forma." **Charles Handy**

"La gente que vuela alto es aquella que rehúsa a sentarse y desear que las cosas cambien." **Charles R. Swindoll**

"No basta alcanzar la sabiduría; es preciso saber hacer uso de ella". **Cicerón**

"Los errores son dolorosos cuando ocurren, pero años después, esa misma colección de errores es lo que se llama experiencia." **Denis Waitley**

"No contamos los años de un hombre hasta que no le queda otra cosa que contar". **Emerson**

"En la historia del mundo siempre fue el entusiasmo el que forjó los sucesos culminantes." **Emerson**

"No se debe juzgar del mérito de un hombre por sus grandes cualidades, sino por el uso que sabe hacer de ellas." **François de la Rochefoucauld**

"Conozco el precio del éxito: dedicación, trabajo duro, y una devoción que no se rinde a las cosas que queremos que pasen." **Frank Lloyd Wright**

"¿Ves cosas y dices, Por qué? Pero yo sueño cosas que nunca fueron y digo, ¿Por qué no?". **George Bernard Shaw**

"Si no decide cuales son sus prioridades y cuanto tiempo les dedicará, alguien mas lo decidirá por usted." **Harvey MacKay**

"La mejor obra es la que se realiza sin la impaciencia del éxito inmediato." **José Enrique Rodó**

"Nada que se consiga con pena y sin trabajo es verdaderamente valioso." **Joseph Addison**

"Podemos leer el porvenir, leyendo el pasado." **Juan de Rotrow**

"La felicidad no está en las cosas, sino en el gusto de ellas." **La Rochefoucauld**

"El secreto de la felicidad no está en hacer siempre lo que se quiere, sino en querer siempre lo que se hace." **León Tolstoi**

"Respiremos profundo, cuente hasta diez, y enfrente cada tarea un paso a la vez." **Linda Shalaway**

"El primer paso hacia el éxito es tomado cuando rehusamos dejarnos atar por el ambiente en el que nos hallamos primero." **Mark Caine**

"Los altibajos de la vida nos proveen ventanas de oportunidad para determinar nuestros valores y metas. Pensemos en usar todos los obstáculos como escalones para edificar la vida que queremos." **Marsha Sinetar**

"El comprender todas las cosas le hace a uno más indulgente." **Mme. De Staci**

"Sólo el hombre tiene el poder de transformar sus pensamientos en realidad física; sólo el hombre puede soñar y hacerlos realidad." **Napoleon Hill**

"El punto de inicio de todo logro es el deseo. Mantengamos constantemente esto en mente. Deseos débiles traen resultados débiles, tal y como un fuego pequeño produce una pequeña cantidad de calor". **Napoleón Hill**

"El entusiasmo es como un cristal de aumento, realza la importancia de cosas insignificantes." **Orison Swett Marden**

"La vida es la mejor escuela: pero cuando no se aprenden sus lecciones, de nada sirve la vida, de nada sirve la escuela." **Orison Swett Marden**

"¿Oportunidades? Están a nuestro alrededor... Hay poder yaciendo latente por todos lados esperando que el ojo observador lo descubra." **Orison Swett Marden**

"El entusiasmo es como un cristal de aumento, realza la importancia de cosas insignificantes." **Orison Swett Marden**

"No es la voluntad de ganar, sino la voluntad de prepararnos para ganar lo que hace la diferencia." **Paul "Oso" Bryant**

"Cuando tan torpe la razón se halla, mejor habla, señor quien mejor calla." **Pedro Calderón de la Barca**

"Felicidad es el disfrute de cada cosa que logramos." **Pedro H. Morales**

"La vida es una mezcla de éxitos y fracasos. Ojalá que seamos animados por nuestros éxitos y fortalecidos por nuestros fracasos. Mientras no perdamos la fe en Dios, seremos victoriosos sobre cada situación que enfrentemos." **Peregrino de la Paz**

"La única cosa que se interpone entre un hombre y lo que él quiere en la vida es a menudo únicamente la voluntad de intentarlo y la fe para creer que es posible." **Richard M. Devos**

"La juventud no es una etapa en la vida, es un estado mental." **Rudyard Kipling**

"Lo que pensamos hacer cuando estemos desocupados, hagámoslo ahora con diligencia." **Samuel Jonson**

"He aprendido que algo constructivo sale de cada derrota." **Tom Landry**

"El que come del árbol del conocimiento siempre es arrojado a algún paraíso." **W. R. Inge**

Bibliografía

Dacosta, Alejandro & Grisales Giraldo, Raul *Mi Amigo el Tiempo*, Bogotá, GRISALES HIDALGO & CIA

Duncan, Peggy, 1010 Pine Tree Trail, Atlanta GA 30349, 770/907-8868 ATLANTA 1997-2006

Gomez Correa, Hector Hernando, *Manual para manejar el Tiempo*, Ingeniería Grafica, Cali

MacKenzie, Alec, *The Time Trap,* New York, New York, American Management Association, 1997

Schlenger, Sunny & Roesch, Roberta, *How to be Organized in Spite of Yourself* New York, New York, Penguin Books

Harold Taylor Time Consultants Ltd., 20 Wolverleigh Blvd. Toronto, Ontario, Canada 1996-2006

Walter, George R., *Phone Power,* New York, New York G.P. Putnam's Sons, 1986

Webber, Ross A. *Una Guía para la Administracion del Tiempo,* Editorial Norma S.A., Bogotá 1980

Adaptación, Traducción y Edición: **Guillermo E. Ulloa Tenorio, 2021**

Guillermo E. Ulloa T.
geulloa@hotmail.com
Cali, Colombia, marzo 2010

Made in United States
Orlando, FL
25 October 2023